MARC SANGNIER

UNE MÉTHODE
D'ÉDUCATION DÉMOCRATIQUE

AU SILLON

34, BOULEVARD RASPAIL, PARIS VIIe

1906

MARC SANGNIER

UNE MÉTHODE
D'ÉDUCATION DÉMOCRATIQUE

AU SILLON

34, BOULEVARD RASPAIL, PARIS VIIe

1906

DU MÊME AUTEUR

Armée et Patrie.

L'Avenir de la démocratie.

Christianisme et socialisme (Conférence-controverse avec Jules Guesde).

Dans l'attente et le silence.

La France et l'Alsace-Lorraine.

La Vie démocratique (Contradiction de M. F. Buisson).

La Vie profonde (*Éveils et Visions*).

L'Education sociale du peuple.

Le Sillon (*Esprit et méthodes*).

L'Esprit démocratique.

Ce n'est pas a priori *que le* Sillon *a fixé sa méthode d'éducation démocratique : c'est au contact même des réalités quotidiennes qu'il l'a élaborée.*

Il y a, Dieu merci, des principes indiscutables, des vérités certaines, des lois naturelles qui dominent tout et qui ne sont pas à la merci des évolutions sociales. Ce n'est certes pas nous, catholiques, qui pourrions jamais le contester. Mais, ce qui se modifie, ce qui change sans cesse, ce sont les conditions économiques de la vie des sociétés, ce sont les circonstances particulières au milieu desquelles doivent se mouvoir les individus. Dès lors, le devoir social et même jusqu'au devoir individuel recevront nécessairement de ces contingences un cachet particulier et variable.

C'est en ce sens que nous disons, au Sillon, qu'il faut se laisser faire par la vie, c'est-à-dire qu'il faut laisser à l'expérience et aux profondes inspirations de notre propre cœur le soin de nous indiquer avec quelles armes il importe de combattre pour la Justice et pour la Vérité, — combat toujours le même quoique sans cesse renouvelé.

On aurait tort de railler ce qu'il peut y avoir d'imprécis et d'incomplet dans nos affirmations, surtout au début de toute action que nous entreprenons, si ce n'est là, en vérité, que prudence, circonspection et — pourquoi ne pas le dire? — véritable probité scientifique.

Ceux qui ont été exercés par l'étude même des sciences exactes à une sérieuse discipline intellectuelle, comprendront que le Vrai ne se conquiert pas tout d'un coup et sans effort, mais qu'il s'arrache péniblement et comme lambeau par lambeau aux ténèbres qui l'écrasent et le déforment. Ils seront ainsi portés à être plus indulgents pour les efforts de nos camarades et pour le travail d'approximations successives auquel ils sont bien forcés de se livrer sans cesse.

Quant aux enthousiastes et aux simples qui ne se soucient pas des vains scrupules dont un impuissant esprit critique a coutume d'embarrasser tout élan, d'instinct ils viennent à nous, et, certes, leur confiance n'est pas une attitude déraisonnable si elle n'apparaît, après tout, que comme un attachement tenace et parfois héroïque à ce qu'il y a de meilleur en eux.

D'ailleurs, c'est à ses fruits qu'il faut juger de la valeur d'une méthode d'éducation. L'avenir seul pourra dire si nous avons vu juste ou si nous nous sommes trompés.

Nous l'attendons avec foi.

M. S.

Les

Universités populaires

PREMIÈRE PARTIE

Les Universités populaires

Depuis quelques mois (1), l'attention publique a été très vivement attirée sur la question de l'éducation populaire par de récentes initiatives, tout particulièrement intéressantes. Ce n'est plus, en effet, seulement d'enseignement élémentaire qu'il s'agit, et le but n'est plus simplement, par des cours d'adultes, de remédier aux lacunes d'une première instruction trop souvent incomplète, ou même d'étendre et de prolonger les connaissances pratiques d'auditeurs

(1) Ces premières pages ont été écrites en 1900.

désireux d'augmenter leurs capacités pro-
fessionnelles. Ce que l'on veut, c'est créer
l'enseignement supérieur du peuple; ce que
l'on fonde, ce sont des Universités populaires (1). Déjà, M. Edouard Petit, dans son

(1) Les Universités populaires sont à la fois des
centres de conférences et des sortes de cercles où les
ouvriers peuvent se réunir. On n'y fait pas, à proprement parler, de cours suivis, mais des conférences
isolées ou des séries de quelques conférences. Du
reste, l'Université populaire se propose toujours d'être
un véritable foyer pour l'ouvrier; son ambition serait
de grouper autour d'elle une foule d'institutions utiles,
très diverses en apparence, mais concourant toutes au
développement physique, intellectuel ou moral de l'ou·
vrier. Une Université populaire devrait comprendre,
d'après la *Coopération des Idées* (no d'avril 1899) :
1o une salle de cours et conférences pour l'enseignement supérieur; 2o une salle de cours pour les différentes sociétés d'enseignement secondaire; 3o un musée
du soir avec cours professionnels; 4o une salle de
spectacle; 5o une salle d'escrime et de gymnastique;
6o une salle de bains-douches; 7o un salon de conver-
sation ; 8o une bibliothèque constamment ouverte; 9o des
laboratoires; 10o un cabinet de consultations médi-
cales, juridiques, économiques; 11o une pharmacie;
12o un restaurant de tempérance; 13o quelques chambres
meublées à louer aux jeunes gens de toutes conditions;

rapport au Ministre de l'Instruction publique du 8 mai 1899, tout en affirmant les progrès considérables des anciens cours d'adolescents et d'adultes, passant en une année du

14° une école normale d'éducateurs populaires ; 15° offices de placement, mutualité, assurances, etc.

Hâtons-nous d'ajouter qu'une semblable Université populaire n'existe nulle part, et que les premiers essais tentés sont incomparablement plus incomplets et plus modestes.

Les Universités populaires ont adopté les lectures à haute voix, et en particulier ces lectures à plusieurs voix que Maurice Bouchor a introduites dans les préaux d'écoles sous les auspices de l'Association philotechnique, et qui semblent appelées à une très rapide propagation. Ces séances, que Maurice Bouchor sait rendre si attrayantes en mélangeant habilement la musique, les chansons, la comédie et le drame, renferment toujours quelques simples et rapides commentaires, car, suivant l'expression même de Bouchor, « *de toute œuvre il faut dégager ce qu'elle renferme d'humain, de sensé, de généreux* ».

Citons aussi une tentative intéressante de vulgarisation artistique, essayée à l'Université populaire du faubourg Saint-Antoine, et à laquelle s'est tout particulièrement intéressé M. Paul Desjardins, le fondateur de l'*Union pour l'action morale*; nous voulons parler du *Musée Populaire:* des reproductions de tableaux de

chiffre de 30.000 à celui de 35.000 environ, ajoutait cette encourageante constatation :

L'éducation populaire, limitée hier encore aux adolescents en quête de connaissances complémentaires et aux adultes illettrés désireux d'apprendre leurs petites lettres, s'élargit et devient l'éducation du peuple tout entier. On est loin du point de départ, de la modestie qui paraissait hardiesse en avril 1894. On se risquait à recommander les cours d'adultes, la conférence... Et maintenant, selon la parole d'un sociologue (1), on travaille à constituer fortement et systématiquement la seconde éducation du peuple de laquelle, à vrai dire, tout dépend. On jette les bases des Universités populaires où la *coopération des idées* rapprochera l'élite de la foule.

maîtres, gravures ou photographies se rapportant à un ordre d'idées déterminé, ornent la salle du Musée pendant un certain temps, pour être ensuite remplacées par une autre série ; c'est ainsi que l'on avait choisi le *Sentiment de la Maternité* pour la première exposition.

(1) Alfred Fouillée *Revue Bleue*. L'éducation morale de la démocratie, 7 janvier 1899.

Et depuis lors, les Universités populaires,
ces cathédrales de la démocratie, comme
s'est plu à les nommer l'enthousiasme un
peu crédule, peut-être, de leurs fondateurs,
se sont élevées nombreuses, dans les faubourgs de Paris comme en province, exci-
tant l'admiration de beaucoup, le dévouement de quelques-uns, les méfiances de plusieurs, et s'imposant malgré tout à l'attention
du gros public, sceptique et indifférent.

****

La première Université populaire fut inau-
gurée au faubourg Saint-Antoine vers la fin
de l'année dernière ; depuis, des fondations
analogues se sont multipliées rue Monge,
rue Mouffetard, rue Froidevaux, rue Cor-
bon, etc.; mais l'Université populaire du
faubourg Saint-Antoine mérite une place à
part, tant par son succès que par son origine et par l'intérêt que présente son fonda-

teur, M. Georges Deherme. Celui-ci est une figure vraiment originale. Ouvrier typographe, puis bientôt secrétaire de syndicat, il fait partie de cette sorte de classe nouvelle, portion intellectuelle du prolétariat, ignorée hier encore, mais qui tend, de plus en plus, à devenir nombreuse et surtout influente, et qui serait peut-être prépondérante, le jour où le prolétariat organisé échapperait par cela même à la domination des orateurs de clubs ou des politiciens d'occasion, transfuges souvent malfaisants des vieilles classes bourgeoises. Très désireux de savoir, peut-être même un peu superstitieux de science, Deherme fonda, il y a quelques années, ce qu'il appela d'un nom symbolique la *Coopération des Idées*. Des conférenciers de bonne volonté venaient là causer et discuter chaque soir avec des ouvriers. C'était le germe des futures Universités populaires... Je me souviens de cette petite salle fumeuse et étroite de la rue Paul-Bert; je revois encore les

quelques rares auditeurs de la réunion à laquelle il me fut donné d'assister ; et, vraiment, je ne soupçonnais pas qu'une graine
qui me semblait si insignifiante pût si vite
percer le sol et pousser d'aussi grands
rameaux.

Sans doute, il serait injuste de ne pas
admirer la ténacité volontaire et l'obstina-
tion silencieuse de Deherme, qui ne paraît
pas même pouvoir soupçonner ce qu'est le
découragement ; et maintenant je me demande s'il me faut encore douter lorsque
Deherme me montre et suit avec amour, de
son étrange et opiniâtre regard de myope,
les plans somptueux de ce *Palais du Peuple*
qu'il compte bâtir l'année prochaine et qui
ne coûterait pas moins d'un million. Mais
nous devons remarquer aussi que Deherme
ne parvint à sortir des catacombes que le
jour où il reçut une aide sérieuse et efficace
d'un certain nombre d'écrivains ou de professeurs connus qui, apportant tout d'un

coup à l'humble tentative les avantages d'une bruyante publicité, se servirent évidemment de la bonne volonté et de l'intelligence de Deherme pour essayer de répandre, dans les masses populaires, leurs idées et leurs doctrines, célèbres déjà, mais dans les seuls milieux éclairés. En vérité, c'était leur droit et même leur devoir, s'il est vrai que le philosophe n'a pas mission de penser pour lui seul, mais qu'il doit rendre compte à tous ses frères de ce qu'il croit être la vérité.

Mais si nous trouvons dans la *Coopération des Idées* d'avril 1899, dans un article qui annonce la création des Universités populaires en France, le passage suivant : « *Toutes les bonnes volontés peuvent venir à nous. Nous ne leur demandons pas ce qu'elles croient, ce qu'elles pensent et ce qu'elles espèrent : il nous suffit qu'elles veuillent et qu'elles agissent sans arrière-pensée* », nous n'avons d'autre part qu'à parcourir les noms des membres du Comité de propagande, nous n'avons surtout qu'à lire sur les affiches les titres des conférences, pour nous convaincre bien vite que toutes les opinions sont loin d'être également représentées dans l'Université populaire et que les adeptes de toutes les philosophies anticatholiques semblent s'y être donné rendez-vous.

Je sais bien que Deherme a accepté en somme les concours qui se sont offerts à lui; mais je remarque aussi qu'*en fait*, si quelques catholiques parlent au faubourg Saint-Antoine, ce n'est pas précisément, jusqu'à présent, sur des sujets religieux (1), tandis

(1) Notons cependant que M. Bureau, professeur à l'Institut catholique, a fait au faubourg Saint-Antoine, le 21 février 1900, une conférence sur *la croyance en Dieu et son action sociale chez les peuples anglo-saxons*, sous les auspices de la ligue contre l'athéisme ; malgré une discussion assez vive, l'orateur fut, paraît-il, courtoisement écouté.

Nous aurions aussi mauvaise grâce à ne pas reconnaître que M. Deherme nous a fort aimablement autorisé à faire, en avril et en mai 1900, trois confé-

que constamment, au contraire, des orateurs y attaquent nos dogmes et notre morale ; je suis bien forcé de reconnaître que le jour même de l'inauguration le président de la *Société des Universités populaires*, M. Gabriel Séailles, a prononcé diverses paroles manifestement hostiles, et il m'est impossible de ne pas m'apercevoir que, peu à peu, cette largeur théorique risque de se rétrécir étrangement dans la pratique, puisque déjà, sans que peut-être même Deherme s'en soit bien aperçu, lui qui nous disait qu'il avait songé à essayer d'avoir un prêtre parmi ses conférenciers, nous trouvons dans la *Coopération des Idées* (n° de novembre 1899) cette étrange déclaration qui semble exclure tout ce qui procède d'une religion positive :

rences sur la *certitude mathématique,* la *certitude morale* et la *certitude religieuse :* ce dernier sujet, — encore que nous n'avions pas l'intention de nous placer au point de vue proprement apologétique, — permit enfin à un catholique de parler du catholicisme à l'Université du faubourg Saint-Antoine.

Nous prenons ici l'engagement... de satisfaire par notre esprit de tolérance absolue envers *toute doctrine sociale et laïque* (1), les hommes de volonté ferme et de pensée libre que nous acceptons de représenter (2).

Peut-être les catholiques ont-ils lieu d'avoir quelque regret de n'avoir pas répondu au premier appel et de ne s'être pas présentés plus tôt, alors qu'ils pouvaient espérer avoir eux aussi une réelle influence. Peut-être même tout n'est-il pas perdu encore, et n'est-il pas inutile que certains d'entre eux essayent de se rapprocher de la *Coopération des Idées* loyalement et avec le désir sincère de travailler pour leur part à une œuvre d'éducation populaire.

(1) Ce passage est souligné dans le texte de la déclaration.

(2) Nous devons remarquer toutefois que lorsque ce manifeste parut dans la *Coopération des Idées*, sous la signature du Comité de rédaction, cette revue n'avait pas encore cessé d'être l'organe officiel de la *Société des Universités Populaires*. (Voir la suite de cette étude.)

Si nous nous sommes étendus si longue-
ment sur l'Université populaire du faubourg
Saint-Antoine, c'est parce que c'est d'elle,
pour ainsi dire, que sont sorties toutes les
autres.

Quant à l'esprit de ces nouvelles fondations, c'est, en somme, un esprit de « libre
pensée », inclinant cependant plus ou moins
vers le protestantisme ou vers le socialisme,
mais qui semble en tout cas particulièrement
hostile au catholicisme. Le récent discours
d'Anatole France à l'inauguration d'une de
ces Universités est fort net à cet égard : il
montre l'œuvre d'émancipation intellectuelle
par l'enseignement supérieur comme directement opposée à l'action de l'Église ; il fit
scandale dans les milieux catholiques et ne
permit plus de se méprendre sur la façon
dont était comprise l'éducation du peuple.
D'autre part, les Universités populaires
étaient vivement accusées de poursuivre un
but politique et de faire œuvre de parti ; les

nationalistes (1) les attaquaient violemment, tandis que les socialistes, tout d'abord défiants et sur la réserve en face de la *Coopération des Idées*, portaient maintenant aux nues le nouvel enseignement qui faisait une

(1) La *Patrie Française* semble vouloir ne pas s'en tenir à des critiques toutes négatives. Elle se propose de rattacher à ses Comités des Maisons du Peuple. Voici le début d'une allocution prononcée par M. Jules Lemaître, le 19 mars 1900, à la réunion de la plaine Monceau :

« Les fondateurs du Comité de la *Patrie Française* de la plaine Monceau ont eu l'excellente idée de créer dans le quartier une bibliothèque populaire. Cette œuvre est actuellement bien modeste encore. Elle grandira, messieurs, si vous vous occupez d'elle. Elle peut devenir une sorte de cercle démocratique où des citoyens de vie, de condition, de profession différentes et qui, dans le train habituel des choses, n'ont guère l'occasion de se rencontrer, pourront se voir, se connaître, se communiquer ce qu'ils savent le mieux, s'entretenir familièrement et des intérêts du quartier et des grands intérêts publics. On vient de fonder à Paris un certain nombre d'Universités populaires. Elles pourraient être utiles pour l'instruction du peuple et pour le rapprochement des classes sociales. Mais, d'abord, M. Syveton nous a dit, avec raison, en de pénétrants articles, que l'esprit de ces Universités nous devait

place de plus en plus large à leurs docteurs
et à leurs députés (1). Deherme comprit, sans
doute, qu'il y avait au moins quelque impru-
dence à quitter si vite les régions sereines

donner quelque défiance, si l'on en juge par la plupart
des conférenciers. Et puis l'enseignement qu'on y ré-
pand de haut sur le peuple paraît bien ambitieux et
bien solennel. On y fait des leçons savantes sur les plus
obtuses théories scientifiques, morales et politiques...
Nous voudrions être plus pratiques. Il s'agirait d'ouvrir
dans chaque quartier une ou plusieurs salles où des
ouvriers, des employés, des commis, tous ceux enfin
qui voudraient entrer, pourraient lire le soir ou l'après-
midi des dimanches des livres instructifs, intéressants
ou même tout bonnement amusants et des journaux
plutôt nationalistes... »

Nous ne savons encore quels seront les résultats de
cette tentative toute récente. Il est permis de se demander si la *Patrie Française*, dont l'action a jusqu'à présent été assez peu organisée et plutôt politique, sera à
même de faire réussir une œuvre d'éducation populaire.

(1) Les socialistes intransigeants, les Guesdistes, sont,
au contraire, hostiles.

« Le socialisme non émasculé par les intellectuels et
les intégralistes, écrit M. Lafargue, est banni des Universités populaires... On n'a pas osé demander ni à

de l'étude pour se lancer dans la bataille ;
du reste, on risquait ainsi de dénaturer
l'idée qu'il avait laborieusement enfantée, et
de substituer à la fondation originale qu'il
avait rêvée je ne sais quelle copie à peine
rajeunie des conférences politiques et des
réunions de propagande ; aussi, tout en restant lui-même dans le Comité des Universités
populaires, il prit soin de déclarer l'autonomie absolue de son Université du faubourg
Saint-Antoine et de rendre à son bulletin de
la *Coopération des Idées* son caractère de
complète indépendance.

On voit quelles sont les tendances de ces
institutions nouvelles. Nous ne connaissons
que la *Fondation universitaire de Belleville*
qui nous semble échapper à cet esprit. La

Guesde, ni à Vaillant, ni à moi, d'aller y faire une conférence (au faubourg Saint-Antoine). Nous ferions
déguerpir les philanthropes. » (*Le Socialiste*, 11 mars.)

A la lecture de cet article, Deherme écrivit à Lafargue
pour l'inviter à venir exposer ses idées : il ne reçut pas
de réponse. (*Coopération des Idées* du 17 mars.)

Fondation s'inspire des exemples d'Outre-Manche et apparaît comme une sorte d'adaptation des *settlements* anglais. Elle entend se placer sur le terrain de la neutralité la plus stricte ; catholiques, protestants, juifs font partie de son comité. Du moins théoriquement, à l'Université populaire du faubourg Saint-Antoine, on était porté à considérer la neutralité comme impliquant le droit pour toute opinion sincère de s'exprimer librement ; il semble que l'on serait plutôt tenté à Belleville de faire consister la neutralité dans un silence obligatoire sur toutes les questions qui passionnent et qui divisent. Voici l'article premier des statuts :

L'association n'a aucun caractère confessionnel : elle exclut rigoureusement tout élément d'intolérance et s'interdit toute propagande politique ou économique.

Malgré une importante réclame dans les journaux modérés et libéraux et l'appui moral de personnalités considérables qui s'effraient sans doute des tendances des Universités populaires et jugent opportun de soutenir la *Fondation* de Belleville, celle-ci ne semble pas sortir facilement des langes du berceau ; d'ailleurs, à vouloir être trop rigoureusement neutre, elle risque d'indisposer presque tout le monde et de n'intéresser personne ; les catholiques ne se sentent pas très attirés par une œuvre qui prend soin de ne pas se compromettre en leur devenant trop sympathique ; les socialistes déclarent que la nouvelle *Fondation* — tout simplement parce qu'on n'y insulte pas l'Eglise — est un piège des *cléricaux* et des *orléanistes* ; quant aux indifférents, ils n'ont pas coutume de se déranger pour si peu, et de longtemps peut-être la fondation ne quitterait pas le petit pavillon n° 7 du 151, rue de Belleville, si l'on attendait pour s'installer plus grandement que les deux étroites petites chambres qui servent de salles de conférences

devinssent trop peu vastes pour contenir
les auditeurs (1).

**

Dans son ensemble, on peut même dire
dans sa presque totalité, l'enseignement supérieur populaire est donc marqué d'un sceau
caractéristique : il est entre les mains d'un
groupe d'hommes qui, bien que différents
par leur origine, leurs occupations, bien que
professant certaines doctrines opposées, en
particulier sur quelques questions économiques, n'en ont pas moins des esprits de
même famille, des sympathies et des antipathies semblables, une mentalité analogue.
Le public les a désignés au cours de la
récente et troublante Affaire d'un nom qui

(1) Une société de secours mutuels, récemment éta-
blie à la *Fondation universitaire*, aurait été, paraît-il,
favorablement accueillie : c'est peut-être là l'indication
de la voie nouvelle dans laquelle la *Fondation* aurait
intérêt à s'engager.

a fait fortune : ce sont les *intellectuels*.
L'œuvre des Universités populaires consiste
dans une tentative des *intellectuels* pour
pénétrer jusqu'au peuple : ils rêvent une
sorte de mainmise de leur esprit sur les
masses ; ils veulent acclimater leurs méthodes
d'analyse, leurs procédés critiques dans ces
milieux hier encore presque étrangers à
leur influence. Ils ont compris — et l'histoire de ces dernières années le leur a montré
avec une terrible évidence (1) — que la
nation risquait d'être contre eux si elle n'était
avec eux, et il leur est apparu que l'œuvre
urgente, l'œuvre primordiale, c'était la conquête de la démocratie. Aussi sans perdre un
instant, se sont-ils mis résolument à l'ou-

(1) Ne voir dans le mouvement des Universités populaires qu'une tentative politique des dreyfusards serait,
nous semble-t il, une conception étroite et superficielle.
M. Deherme a dit fort justement en parlant de l'Affaire :
« *C'est peut-être ce qui a facilité notre tâche, mais
cela ne l'a point créée et ne la limite point* ».

vrage. Comment ne pas admirer et leur clairvoyance et leur activité ?

Du reste, les *intellectuels* eux-mêmes ne laissent pas que de reconnaître franchement lo but qu'ils poursuivent. .

Nous trouvons déjà dans une conférence faite par M. Séailles lo 3 octobre 1898, à l'ancienne *Coopération des Idées*, rue Paul-Bert, les déclarations suivantes :

Récemment, vous le savez, on a tenté d'opposer ceux qu'on appelait par dédain les *intellectuels* à la masse de la nation, on leur a prêté avec un stupide orgueil la manie de se distinguer, de penser contre tous, on les a représentés comme des émigrés à l'intérieur qui troublaient l'action bienfaisante des politiciens avisés. Cette calomnie s'est étalée sur les murs de toutes les communes de France. Or, à ce moment même, dans cette crise douloureuse, en souffrant de malentendus qu'il ne dépendait point d'eux de dissiper, ces savants, ces penseurs, amis du silence et de la solitude, affrontaient les outrages, s'exposaient aux violences de la rue, pour remplir un devoir qu'ils ne croyaient pas pouvoir déserter sans une

sorte de trahison. Loin de se séparer du peuple,
ils étaient à cette heure sa conscience même...
Quelle raison, en vérité, pourrions-nous avoir
de nous opposer au peuple, de nous séparer de
lui? Nous n'avons pas d'intérêts contraires : on
ne s'enrichit qu'en faisant travailler les autres,
nous travaillons nous mêmes..... S'ils consentent
à se rapprocher, les hommes d'études et les travailleurs ont chance de s'entendre, parce qu'ils
ont une vertu commune : l'amour de la vérité.

On voit quel grand désir ont les *intellectuels* de se rapprocher du peuple, quelles
avances véritables ils lui font.

Combien d'entre nous d'ailleurs, s'écrie
M. Séailles dans ce même discours, n'ont qu'à
remonter d'une ou deux générations pour se
retrouver peuple par leurs ascendants ; combien
par leurs proches n'ont pas cessé de faire partie
de la grande famille des humbles ; combien
sentent et reconnaissent que ce qu'ils sont, ils le
doivent à ce qui survit en eux transformé de
l'énergie et de la santé du rude paysan de France.

Le peuple n'a donc pas à se défier des
intellectuels ; en somme, il n'est pas diffé-

rent d'eux ; que n'entre-t-il en contact avec
des frères qui peuvent d'ailleurs pour la
plupart faire valoir à ses yeux, comme des
titres de noblesse, leur origine plébéienne?
Et ainsi, les *intellectuels* préparent douce-
ment leur action, qui n'est autre que ce
que l'un d'entre eux, et non certes des moins
sympathiques et séduisants, a si noblement
appelé un *devoir d'aînesse.*

Intellectualiser le peuple, tel est donc le
but poursuivi. Or, l'instruction élémentaire
est évidemment insuffisante pour obtenir un
tel résultat : qu'importe que les ouvriers
sachent la géographie, le calcul, voire
même l'algèbre et la géométrie? Les élèves
des Frères sont très savants sur tout cela,
et ce ne sont pas cependant des *intellectuels.*
Ce qu'il faut, c'est que Charcot vienne parler de la science et du miracle, Buisson, de
l'éducation de la volonté, Keüfer, du positivisme, Lermina, des fondements scientifiques de la morale..., etc., etc. Tous ces

grands problèmes doivent être traités d'après les bonnes méthodes scientifiques ; car c'est bien surtout le sens de ces méthodes qu'il s'agit d'inculquer aux ouvriers ; sans quoi, quelles que soient les connaissances particulières qu'ils puissent acquérir, ils risqueront de n'en pas moins demeurer totalement étrangers à cet *esprit critique* (1), arme merveilleuse, forgée laborieusement dans les laboratoires et dans les écoles historiques, et dont la nation a besoin pour combattre fidèlement et sans jamais se lasser le bon combat de la Vérité et de la Justice.

C'est donc, en somme, un véritable enseignement philosophique qu'il s'agit d'apporter au peuple, enseignement, sans

(1) « En initiant dans la mesure du possible l'ouvrier aux méthodes sévères de la science, en lui proposant l'exemple des penseurs les plus lucides, nous voulons éveiller en lui l'esprit critique, lui donner l'habitude du libre examen, lui inspirer le courage de penser. » (Conférence de M. Séailles, le 3 octobre 1899, à la *Coopération des Idées*.)

doute, très souple et multiple, sans cesse appliqué aux conditions actuelles et contingentes des réalités, mais qui n'en est, par cela même, que plus insinuant et mieux orienté vers l'action. Or, — et encore que cette philosophie, qui veut se faire populaire, ne soit pas, à proprement parler, dogmatique, — il n'est certes pas difficile de la reconnaître : c'est celle-là même que les nouveaux éducateurs populaires professaient alors qu'ils se contentaient de parler à une élite intellectuelle et que leur but n'était que de travailler pour une aristocratie de l'esprit; mais depuis qu'ils s'adressent aux masses, les contours de leur doctrine semblent devenir moins imprécis et moins fuyants; ils dénoncent, avec un moindre souci des nuances, l'Eglise comme le grand obstacle à l'émancipation intellectuelle; ils nous tiennent énergiquement en garde contre ceux *qui nous adjurent de retourner en arrière, de rentrer docile-*

ment sous l'autorité de l'Eglise qui nous guérira des maux de la liberté (1); ils opposent leur méthode, *la méthode humaine*, à ce qu'ils appellent *la méthode théologique et qui suppose que le bien est réalisé, qu'il existe et qu'il ne nous est donné que de le constater, de l'imiter* (2); ils se montrent même parfois plus véhéments et semblent vouloir enfler leur voix comme pour rivaliser avec les orateurs de clubs; ils nous dénoncent « *une morale barbare fondée sur une fausse interprétation des phénomènes de la nature et de la conscience,* qui *a su s'imposer à la masse des hommes et les soumettre à des pratiques imbéciles et cruelles* » (3); ils s'irritent contre ce qui demeure encore en nous du lointain atavisme chrétien : « *Ci-*

(1) Conférence de M. Séailles, le 3 octobre 1898, à la *Coopération des Idées*.

(2) Conférence de M. Séailles à l'inauguration de l'Université populaire du faubourg Saint-Antoine.

(3) Conférence de M. Anatole France à l'inauguration de l'Université populaire du XVe arrondissement.

toyens, ne croyez pas à l'enfer; la science nous affranchit d'aussi grossières imaginations et d'aussi vaines terreurs... Une longue tradition religieuse, qui pèse encore sur nous, enseigne que la privation, la souffrance et la douleur sont des biens désirables, et qu'il y a là des mérites spéciaux attachés à la privation volontaire. Quelle imposture ! N'écoutez pas les prêtres qui enseignent que la souffrance est excellente. C'est la joie qui est bonne... » (1).

L'hostilité philosophique de la plupart des maîtres contre l'Eglise venant se rencontrer et comme se mêler avec l'anticléricalisme irraisonné des auditeurs, habiles à souligner les bons endroits de significatifs applaudissements, n'est-elle pas l'un des traits caractéristiques de cet enseignement supérieur populaire qui s'est fait pardonner, sans doute, par plusieurs son allure un peu pré-

____

(1) Conférence de M. Anatole France à l'inauguration de l'Université populaire du XV⁰ arrondissement.

tentieuse et pédante en faveur des vieilles haines et des tenaces passions qu'inconsciemment ou non il caressait d'une main discrète mais sûre?

On conçoit donc que les catholiques doivent être tout particulièrement intéressés à étudier et à suivre le mouvement qui a donné naissance aux Universités populaires : il ne s'agit pas seulement pour eux, d'ailleurs, de regarder en curieux spectateurs, mais il faut qu'ils soient tous animés d'agissante bonne volonté, et que le sentiment précis de leur responsabilité leur soit une force et un stimulant.

Nous croyons que ce sera faire œuvre utile que d'examiner ici la tâche qui paraît s'imposer à nous ; et nous espérons que plusieurs nous liront qui auront vraiment le désir d'étudier les moyens pratiques d'accomplir une action qui semble nous solliciter comme un devoir présent.

***

Il est très facile de railler les *intellectuels* et d'affirmer qu'ils sont sans influence et resteront irrémédiablement confinés dans un monde artificiel et vain, mais il est plus difficile, pour peu que l'on observe attentivement et sans parti pris, de ne pas être frappé du rôle vraiment étonnant qu'ont joué tous ces penseurs, tous ces philosophes, tous ces écrivains, dont l'action, sans doute, s'est peut-être parfois prodigieusement multipliée, alors que leur génie n'était que vulgaire et médiocre, mais qui n'en ont pas moins contribué, chacun pour sa part, à façonner cette opinion publique, reine toute-puissante qui, dans les temps où nous sommes, commande sans avoir jamais de bien longs combats à soutenir pour se faire obéir. Que les moines savants, que les scolastiques érudits du xiiie siècle aient su faire entendre leur voix bien au-delà des pentes studieuses de la Sorbonne et l'imposer aux nobles et aux vilains, dans les villes, dans les campagnes et jusque dans les camps, c'est ce que nous montre déjà le premier coup d'œil jeté sur cette époque si bien équilibrée et si merveilleusement une sous la multiplicité même de ses aspects divers. Qui refuserait de voir aussi dans les poètes et les artistes de la Renaissance, malgré leur culte aristocratique de la beauté et leur enthousiaste prédilection pour des trésors étrangers, de puissants agents d'action nationale dont la main-mise sur la France tout entière, depuis le roi François jusqu'à l'humble artisan, fut peut-être plus impérieuse et plus durable que celle d'aucun homme d'état, politicien ou légiste? Et s'il est vrai que les humanistes ne sont pas sans avoir, en quelque façon, préparé le chemin à la Réforme, si Voltaire et Diderot, — alors même qu'au dire de certains de leurs admirateurs, leur influence serait aujourd'hui nulle sur nos esprits, — n'en ont pas moins

inspiré plusieurs générations et rendu possible une Révolution qui dure toujours, on
voit quelle témérité il y aurait à se laisser
offusquer par les ridicules de ces modernes
« directeurs de conscience » qui succèdent
aux romantiques « pasteurs de peuple », au
point de considérer comme une quantité né-
gligeable la troupe prétentieuse des *intellectuels*; et d'ailleurs, aux regards de l'artisan,
du métayer, du soldat et même du légiste ou
du courtisan, qu'était-ce donc que ce docte
professeur de Sorbonne, ce peintre ou ce
sculpteur, cet humaniste, cet encyclopédiste,
sinon, en somme et malgré quelques spéci-
fiques différences (1), un véritable *intellectuel?*

(1) La première de ces différences ne serait-elle pas
justement que les *intellectuels* d'autrefois nous appa-
raissent comme en communion intime avec la vie même
de leur époque dont ils ne sont, en un certain sens et
malgré l'influence réciproque qu'ils ont sur leur siècle,
qu'un résultat ou une manifestation supérieure, tandis
que ceux d'aujourd'hui risquent fort de n'être que des
déracinés? Mais voilà précisément pourquoi, — ainsi
que nous essayons de l'indiquer dans cette étude, —

Mais que le catholicisme soit tenu en suspicion ou au moins en oubli par la plupart des *intellectuels*, c'est là une condition malheureuse qui donne justement aux tentatives d'éducation populaire qui nous occupent ce caractère malgré tout étroit et souvent haineux qui se cache sous la largeur vague des étiquettes et sous la sonorité un peu creuse des déclarations. Tout ce que les catholiques feront pour remettre en honneur leur religion dans les milieux intellectuels et pour lui donner tout au moins droit de cité parmi les opinions que l'on respecte alors même qu'on ne les partage pas, servira donc efficacement à modifier l'état d'esprit de nos *intellectuels*, au plus grand avantage, d'ailleurs, de ceux-ci, et, par conséquent, à transformer indirectement le caractère même de l'empreinte qu'ils peuvent laisser sur la masse populaire... Nous connaissons plu-

nos *intellectuels* ont compris l'urgente nécessité de reprendre contact avec le peuple.

sieurs jeunes catholiques que tente cette tâche et qui rêvent de se consacrer à cette sorte de travail apologétique : ils comptent parler la langue des *intellectuels*, et, après avoir conquis par des études approfondies et désintéressées, par des services rendus à la science, le droit de se faire écouter, montrer que le catholicisme est à la fois si solide et si simple que non seulement il n'a rien à craindre des méthodes modernes, mais qu'au contraire il apparaît plus grand et plus harmonieux lorsqu'une critique sérieuse et avisée l'a dépouillé de tout ce qui n'était pas lui, de cet encombrant ramassis de plantes parasites, semées et cultivées par des mains tout humaines, et dont l'importun et malfaisant contact ne saurait que défigurer l'édifice immortel d'une Eglise toute divine (1). Nous ne pouvons qu'ap-

(1) Nous ne faisons pas allusion ici, bien entendu, au travail utile et bienfaisant de la théologie : nous songeons seulement à certaines idées et à certaines pra-

plaudir à leur difficile et périlleux labeur, et,
bien que ce ne soit pas ici pour nous le lieu
d'insister sur ce que leurs efforts présentent
d'intéressant et d'opportun, nous sommes
heureux toutefois d'avoir essayé de montrer
comment, — et à cause même des nouvelles
tentatives des *intellectuels*, — l'action de ces
opiniâtres et laborieux travailleurs débor-
dera peut-être bientôt, sans même qu'ils s'en
doutent, le cercle limité dans lequel elle
s'était proposé de s'exercer, en imposant
au moins quelque modération et quelque
respect aux fougueux partisans de l'esprit
laïc.

Mais, en vérité, pourquoi les catholiques,
qui, plus qu'aucuns autres, devraient avoir
des tempéraments d'apôtres, n'essaieraient-
ils pas, partout où ils le pourraient, d'entrer
dans les Universités populaires et de faire

tiques attribuées à tort à l'*Eglise catholique* par nos
adversaires que viennent servir l'ignorance ou les
fautes de trop de catholiques.

entendre, parmi le bruit confus des doctrines humaines, une parole toute chaude de son contact avec la divine parole ? Ne devons-nous pas regretter cette attitude hostile et hargneuse de trop de catholiques qui semblent n'avoir jamais qu'antipathie et rancune contre tout ce qui ne provient pas directement de leur initiative ? Et comme celle-ci est généralement très faible et très hésitante, ils se trouvent ainsi en opposition avec tous les mouvements nouveaux qui viennent à se produire et qui, cependant, sont loin d'être toujours condamnables en eux-mêmes, mais risquent d'être accaparés et exploités par tout ce qui est contraire au catholicisme, si les catholiques s'enferment systématiquement dans une abstention malveillante et boudeuse. Combien sont plus avisés nos adversaires qui s'insinuent et s'infiltrent partout et qui ne cherchent qu'à faire dominer leurs tendances et qu'à répandre leurs idées, n'exigeant pas d'étiquettes précises, s'accommodant fort bien d'une neutralité qui, sans les gêner, les couvre et les protège si avantageusement que certains finissent même par s'y attacher comme à leur meilleure sauvegarde... et la parole de l'Evangéliste nous revient à la mémoire : « ... Le maître de l'économe infidèle le loua d'avoir agi prudemment ; car les fils du siècle sont plus prudents entre eux que les fils de la lumière (1). »

Mais, remarquons-le bien, à ce que des catholiques pénètrent, même sans que l'on connaisse leur caractère de catholiques, là où l'on prétend appeler tous les hommes de bonne volonté, on ne saurait voir aucune hypocrisie ; et leur présence seule pourrait avoir parfois comme résultat, au contraire, de déjouer l'hypocrisie de ceux qui ne se seraient adressés à tous qu'avec la secrète pensée que certains seulement répondraient à leur appel. Toutefois, s'il est déjà bon que

(1) Evangile selon saint Luc, xvi, 8.

des catholiques, parmi ceux surtout à qui les titres ou les situations universitaires rendent cette action plus aisée, aillent se mêler un peu partout à ce vaste et multiple mouvement d'éducation populaire, alors même qu'ils se croiraient interdit de laisser apparaitre leurs convictions religieuses et dans la seule intention de multiplier les conférences véritablement neutres, au détriment de l'enseignement irréligieusement tendancieux, comment ne serait-il pas surtout excellent que des hommes connus publiquement pour leur catholicisme aillent, en participant à des œuvres neutres, montrer à tous que nous n'entendons pas faire toujours bande à part et que, plus que personne, nous avons le devoir d'être les hommes de l'universelle fraternité !

Or, au début de ces œuvres d'éducation et lorsque, malgré tout, elles correspondent encore à un besoin général un peu confus, réclamant surtout des dévouements et des bonnes volontés, il est bien plus facile de faire accepter son concours et de faire apprécier ses services que lorsqu'une coterie a définitivement tout accaparé et entend rester maîtresse chez elle. Il ne faut donc pas arriver en retard, sous peine de trouver toutes les portes fermées.

Il va sans dire que cette pénétration dans les milieux hostiles ou même seulement non-croyants exigera de notre part du tact et de la prudence. Ce serait être étrangement dupe, en effet, que d'accréditer par notre présence ou par notre nom la fable mensongère d'une hypocrite neutralité, et de couvrir en quelque sorte par notre signature, aux yeux de nos frères en religion, une marchandise empoisonnée ; ne risquerions-nous pas de jouer inconsciemment ainsi le rôle de ces oiseaux apprivoisés dont les chasseurs se servent pour attirer dans leur piège l'imprévoyant gibier ? Quant à celui qui accepterait de développer, par un concours utile et en participant á quelque enseignement sans portée morale et sans caractère religieux, une œuvre dont le but détourné serait d'ailleurs d'attaquer le catholicisme sans qu'il fût permis de le défendre, ne se mettrait-il pas volontairement dans la situation de ces malheureux captifs, condamnés à dresser laborieusement de leurs propres mains l'autel sur lequel on doit les immoler?

Mais gardons-nous aussi de ne voir partout que pièges tendus; ne prêtons pas volontiers aux autres de méchantes intentions; croyons le bien plutôt que le mal; marchons devant nous sincèrement, loyalement : notre droiture déjouera peut-être bien d'obliques complots; notre franchise nous attirera sans doute bien des respects insoupçonnés; et l'on s'apercevra peut-être un jour que notre généreuse et ardente simplicité nous aura valu plus de victoires que toutes les habiles manœuvres et les savantes tactiques.

Et, en effet, si le problème de l'éducation

populaire nous retient et nous passionne, est-ce donc que nous ne voyons là qu'un moyen d'influence? Essayons-nous de copier des attitudes étrangères, dans la seule intention de nous donner du crédit? Sans doute, nous le savons, trop de catholiques se méfient encore de cette instruction du peuple dont ils se plaisent à signaler les méfaits, comme si l'arme puissante pour le mal n'était pas capable de l'être aussi pour le bien, et comme si ce n'était pas une étrange folie de s'essayer à arrêter tout élan et à briser toute force par une pusillanimité très voisine peut-être de la lâcheté. Que ces timides regardent mieux et ils verront que Dieu n'en a pas agi ainsi avec nous, Lui qui, malgré sa prescience divine, a entendu nous créer libres. L'Eglise d'ailleurs n'a-t-elle pas toujours été, à travers l'histoire, la grande amie de l'instruction, le grand foyer des lumières? et par quelle déplorable défection certains catholiques semblent-ils donc avoir à cœur de donner raison à des adversaires qui se plaisent à affirmer que si, dans des temps anciens, l'Eglise a pu avoir quelque puissance pour dissiper les ténèbres d'une barbarie trop grossière, elle est bien devenue maintenant la grande force des ténèbres destinée tôt ou tard à être vaincue à son tour par la clarté rédemptrice du libre esprit laïc !

*
* *

Pourquoi donc les catholiques ne prendraient-ils pas, à côté de l'action individuelle que chacun d'eux peut exercer dans les œuvres neutres, une part collective au grand travail de l'instruction supérieure populaire ?

— Mais, répondra-t-on d'abord, qui nous assure que ce mouvement si récent soit appelé à réussir et n'est-ce pas faire fausse route que de s'y engager prématurément ? Ne vaudrait-il pas mieux commencer par observer, faire une enquête sérieuse sur l'organisation des Universités populaires, l'assiduité des ouvriers aux conférences, les causes de succès ou d'insuccès?... Quand nous serons suffisamment édifiés sur tout cela, quand nous aurons assez réfléchi, alors il sera bien temps de commencer.

— Qui vous dit justement qu'il ne sera pas trop tard alors...? La prudente observation dont il s'agit exigera bien au moins deux ou trois ans, les fondations en question étant toutes absolument récentes. Or, dans deux ou trois ans, non seulement la masse flottante et indécise, qui va toujours au premier arrivant, sera déjà toute circonvenue, mais on nous accusera, et avec quelque apparence de raison, de singer toujours, en les dénaturant misérablement, les gestes qui réussissent, de n'être capables de rien tirer de notre propre fonds et, n'ayant pu parvenir à tuer en face les initiatives émancipatrices, d'essayer au moins de les étouffer dans une étreinte hypocrite. Et même, qui nous assure que lorsqu'après bien des délais et des retards et avec une sage et impeccable lenteur, les catholiques, enfin convaincus, commenceront à se donner sérieusement du mal et à créer partout des Universités populaires, celles-ci ne seront pas déjà sur le point d'être remplacées par quelque chose de mieux approprié aux tendances et aux besoins nouveaux, si bien que, comme en politique, on pourra railler ces hommes de bonne volonté qui « sont toujours d'une Révolution en retard »?

— Vous voulez donc décidément que nous marchions nous aussi, et vous réclamez encore de notre part je ne sais quelle allégresse et quel enthousiasme!... Pourtant, en y réfléchissant bien, quel intérêt avons-nous à ce que se développe l'enseignement supérieur populaire et à ce qu'on fonde des Universités dans les faubourgs?... Nous ne sommes pas, nous autres, des *intellectuels* allant à la conquête du peuple. Nous

n'avons ni le même but, ni les mêmes intérêts... Nous avons une doctrine toute faite
et qu'on enseigne en chaire, à l'église. Nous
ne croyons pas d'ailleurs à l'efficacité scientifique de ces savantes causeries s'adressant
à des cerveaux incultes et mal préparés ;
nous croyons seulement à leur vertu troublante et à leur puissance démoralisatrice...
N'avons-nous pas nos œuvres, nos journaux, nos patronages, notre *Sainte Famille*,
notre *Pain de Saint-Antoine* ..? et, en vérité,
je vous demande ce que nous irions faire
dans cette galère.

— Certes, tel qu'il est conçu dans les
Universités populaires, l'enseignement supérieur du peuple peut apparaître comme
quelque chose d'assez confus et qui risque
de demeurer superficiel. Remarquons, en
passant, que les catholiques n'ont pas été
seuls à s'en apercevoir, puisque je trouve
dans le journal anarchiste *Les Temps Nouveaux* les lignes suivantes :

Une tentative d'enseignement vraiment scientifique ne peut, comme la science elle-même, que se baser sur la possibilité d'une expérimentation et d'un travail personnels. Or, les causeries populaires sont faites à des travailleurs n'ayant ni le livre, ni le laboratoire, et surtout privés du temps matériel de se livrer à un travail ultérieur : elles résument souvent en une seule fois des sujets dont le développement suffisant demanderait, non pas une, non pas quelques heures, mais plusieurs mois de cours. Est-il vraiment scientifique de traiter en une causerie un sujet comme celui-ci : « Le cerveau humain », ou en une très courte série de causeries, l' « Histoire de la Révolution française » ?... Non, les Universités populaires », pas plus que tout ce qui a été fait jusqu'à ce jour pour vulgariser la science, ne peuvent prétendre donner un enseignement véritablement scientifique (1).

(1) *Les Temps Nouveaux* (ex-journal *La Révolte*), mars 1900.

Dans le nº suivant des *Temps Nouveaux*, nous trouvons une réfutation des considérations précédentes.

« Sans doute on ne peut pas dire grand'chose sur le « cerveau humain » en « une causerie » ou sur la « Révolution française » en « quelques causeries ».

Aussi bien, ce que nous proposons, c'est non de copier, mais d'agir spontanément et de nous laisser directement guider par le spectacle des besoins intellectuels et moraux du peuple et par la force intérieure qui nous pousse. Prétendrons-nous que, les chaires de nos églises étant précisément faites pour que d'elles descendent sur les masses la parole de vie, il ne faut rien tenter, alors que le peuple ne va plus dans

Encore cela vaut-il mieux que d'ignorer totalement l'organe où s'élaborent nos pensées et l'un des plus grands drames de l'affranchissement humain .. Qui sait si cette causerie modeste, cette vulgarisation superficielle ne sera pas l'éveil du désir de savoir, un coup de fouet pour le cerveau, le commencement d'une crise, où la pensée finira par prendre le dessus sur les autres fonctions vitales, au lieu d en rester l'esclave? »

On voit qu'une certaine incertitude règne encore dans les milieux libertaires, au sujet des Universités populaires. De même les socialistes virent d'abord avec défiance la tentative de Deherme à la *Coopération des Idées*, jusqu'au jour où plusieurs parmi eux s'aperçurent, sans doute, du parti qu'ils pouvaient en tirer.

nos églises et que notre espoir est justement
de l'y ramener? Et même, il ne serait pas
exact de ne voir dans nos Universités populaires qu'un instrument de propagande
directement religieuse, car nous avons aussi,
comme citoyens, des devoirs à remplir, et, de
toutes nos forces, nous voulons nous consacrer à la grande tâche civique et sociale
qui s'impose à chacun de nous : nous reven-
diquons le droit de travailler au bien de la
nation avec toutes les énergies qui sont en
nous et nous croirions être de mauvais
citoyens si nous ne faisions pas bénéficier
chacun des forces sociales que la foi divine
a déposées dans nos cœurs. C'est qu'en
effet nous avons à apporter au peuple quelque chose qui nous est propre : la doctrine
qui nous guide, la vie qui nous anime sont
merveilleusement aptes à inspirer une éducation véritablement populaire, non pas
superficielle et pédante et risquant d'être
ballottée par tous les vents des opinions

éphémères, mais tout à la fois libre et souple, respectueuse de l'indépendance de la pensée, mais unifiée dans la fraternité et l'amour ; nous avons donc, en vérité, quelque chose à faire et une place privilégiée à tenir dans ce grand mouvement d'enseignement populaire qui, grâce à nous, pourra éviter bien des écueils et prendre une signification plus haute et plus féconde.

— Nous voyons, sans doute, qu'il y aurait là une grande œuvre à accomplir, mais son importance même nous effraie et nous nous demandons s'il serait bien facile, dans la pratique, de dépasser les vœux et les souhaits honorables mais stériles, et si, étant données les charges si multiples et si lourdes de notre apostolat catholique actuel, on n'irait pas se heurter à de presque insurmontables difficultés de réalisation.

— Voilà, nous semble-t-il, une bien mauvaise excuse à l'inaction, car rien n'est vraiment plus facile, plus immédiatement aisé, que d'orienter nos efforts dans le sens que nous indiquons. Et d'abord, sans même rien créer de nouveau, ne pouvons-nous pas commencer déjà? Certains centres d'œuvres, certains cercles catholiques n'auraient-ils pas tout avantage à s'adjoindre des sortes d'Universités populaires qui leur permettraient d'atteindre les masses ouvrières? Ce serait l'œuvre ouverte à côté de l'œuvre fermée, celle-ci travaillant au succès de celle-là et trouvant, en récompense, dans cet apostolat, un surcroît de vie et d'ardeur. Quant aux conférenciers, nous sommes convaincus qu'ils ne feraient pas défaut. Combien de jeunes catholiques qui n'ont ni le temps ni le goût de se consacrer exclusivement à une œuvre, seraient fort heureux pourtant de parler devant un auditoire populaire? Et nous savons par expérience combien sont nombreuses à Paris les bonnes volontés toutes prêtes à s'offrir, soit pour faire des conférences avec projections, soit pour organiser des lectures populaires ou des auditions musicales (1). Quel bienfait ne retireraient pas de leur concours volontaire ces collaborateurs de l'enseignement populaire, s'ils arrivaient ainsi à entrer bientôt en contact cordial et fraternel non pas tant encore avec la masse de leurs auditeurs, ce qui serait vraiment difficile, qu'avec le petit groupe ouvrier, élite active et agissante, véritable noyau vivant autour duquel se ferait tout le large travail d'apostolat !

Ainsi pourrait immédiatement se développer l'enseignement supérieur populaire dans tous les milieux catholiques déjà constitués, à côté ou même peut-être, quoique plus dif-

(1) De même rien ne serait plus aisé que de rattacher à ces Universités populaires les cours du soir analogues à ceux que M. de Vorges a organisés depuis longtemps dans différents quartiers de Paris, ce qui aurait l'avantage de permettre aux cours du soir de recruter de nouveaux élèves dans les milieux créés par l'Université populaire et d'offrir, d'autre part, un enseignement plus pratique et aussi plus sérieux que les simples conférences isolées.

ficilement, dans l'intérieur de nos grands patronages, dans nos cercles et aussi dans ces belles œuvres paroissiales qui commencent à s'établir un peu partout (1) et qui constitueront bientôt, — tel est déjà du moins le rêve formulé par certains, — à côté de l'église, la maison paroissiale.

Nous voulons espérer d'ailleurs que, sans trop tarder, les catholiques, dont les ressources et le dévouement se sont toujours montrés admirables lorsqu'il s'est agi d'œuvres de charité, comprendront qu'ils n'ont pas le droit de se désintéresser de cette autre charité intellectuelle et morale, merveilleuse coopération où chacun donne et reçoit tout à la fois, et n'auront rien tant à cœur que de ne pas se laisser vaincre par des adversaires en désintéressement et en dévouement, soucieux de montrer à tous

(1) Les œuvres célèbres de M. l'abbé Gibier, curé de Saint-Paterne à Orléans, sont un merveilleux exemple de ce que peut être une *paroisse organisée.*

que c'est encore l'amour de notre Christ qui
a appris aux hommes les divins secrets de
la fraternité des esprits et des âmes. En at-
tendant toutefois que d'abondantes ressources permettent de songer à généraliser
une œuvre nouvelle, souvenons-nous donc
que nous pouvons d'abord commencer par
nous servir de ce que nous avons et que bien
des œuvres, sans doute, qui semblent étouffer
et dépérir faute d'air et de vie ne demandent
peut-être qu'à renaître, vigoureuses et toutes
rajeunies, pour peu qu'on essaye de les vivifier par l'emploi de nouvelles méthodes...Et
il n'est pas même jusqu'à la diversité résul-
tant de ces multiples adaptations qui ne
puisse présenter des avantages, en évitant
les disputes qui résulteraient évidemment
d'un désir d'uniformité incapable de satisfaire les tendances diverses et opposées qui
séparent entre eux les catholiques, et en
permettant à chacun d'agir dans son milieu
avec ses amis et sans aucune crainte d'être

conduit là où il ne veut pas aller et de faire
le jeu d'une coterie. D'autre part, nous
sommes convaincu qu'il n'y aurait qu'avantages à ce que, même dans les milieux les
plus arriérés et les plus rétrogrades, on or-
ganisât des Universités populaires, quel
qu'en fût tout d'abord l'esprit : et cela non
pas tant encore parce que nous considérons
qu'à tout prendre ces institutions seraient
— tout au moins évidemment au point de
vue religieux — fort préférables aux Universités populaires actuelles, que parce qu'il
nous semble qu'elles stimuleraient l'ardeur
des milieux catholiques plus jeunes et plus
avancés, jaloux de ne pas se laisser dis-
tancer, et que surtout elles deviendraient
bien vite des germes de vie et de rénovation
entre les mains mêmes de leurs fondateurs
les plus timorés, mieux informés, grâce à
elles, des besoins contemporains, et contraints, à cause même des nécessités de
fonctionnement de ce nouvel instrument, ou

de renoncer à bien des préjugés routiniers, ou de faire appel à des initiatives mieux avisées.

****

Que si, maintenant, tout en suivant notre pensée et en comprenant nos raisons, on se sent un peu inquiet de ne voir jusqu'ici dans toutes nos réponses aux difficultés et aux objections que des considérations et des projets et nul récit d'expérience encourageante, qu'il nous soit alors permis de parler, en peu de mots, de l'effort que nous venons tout récemment de tenter au *Sillon* en faveur de l'éducation populaire.

Notre première préoccupation fut d'abord le développement des Cercles d'études de jeunes ouvriers. Au mois de juin dernier, nous commencions à appeler les réflexions de nos amis sur quatre points principaux :

1º Formation de Cercles d'études sociales pour les jeunes gens de 15 à 20 ans, particulièrement dans les patronages ;

2° Rôle actif à laisser aux jeunes gens dans les Petits Cercles.

3° Nécessité de mettre petit à petit les jeunes ouvriers en contact avec le mouvement catholique contemporain ;

4° Etablissement de relations fraternelles et actives entre les différents cercles de jeunes ouvriers (1).

Ces idées furent développées par nos amis dans des conférences, dans des articles de journaux et de revues ; et malgré la mauvaise volonté ou la résistance passive de quelques directeurs d'œuvres, elles furent généralement admises, du moins en théorie, par le plus grand nombre (2) ; quant aux jeunes

(1) La formation sociale de la jeunesse ouvrière (*Le Sillon* du 10 juin 1899).

(2) A la *Journée des Patronages* qui se tint à l'Institut catholique, le mercredi 6 décembre 1899, sous la présidence de Mgr Péchenard, le vœu suivant fut adopté à l'unanimité : « L'assemblée approuve et encourage le mouvement entrepris par le *Sillon*, dans le but de donner une aide pratique aux Cercles d'études sociales, en particulier par l'établissement des Salles de travail et des Promenades artistiques. »

ouvriers, c'est avec enthousiasme qu'ils ré-
pondirent à l'appel qu'on leur avait adressé,
les Petits Cercles d'études se multiplièrent:
plus d'une vingtaine se groupèrent bientôt
autour du *Sillon*. On voyait croître de jour
en jour le nombre et l'ardeur des adeptes
du nouveau mouvement; et lors de notre
fameuse réunion du dimanche 19 novembre, qui fut en quelque sorte notre première
manifestation extérieure, la grande salle de
la Société de Géographie était à peine assez
vaste pour contenir la foule des jeunes
ouvriers accourus spontanément de tous les
coins de Paris. La plus franche camaraderie,
l'égalité la plus fraternelle régnèrent dès le
début entre étudiants et ouvriers qui, tous
ensemble, travaillaient à une œuvre qu'ils
sentaient être bien véritablement leur; et l'on
sait que la meilleure force du *Sillon* a toujours
été d'ailleurs de n'être qu'une *amitié* (1).

(1) Maintenant, écrivions-nous déjà dans *Le Sillon*
du 10 août 1899, nous avons enfin pu prendre contact

Bientôt, et sur la demande même des ouvriers, le *Sillon* organisait ses Salles de travail (1) destinées, en particulier, à faciliter la préparation des conférences faites par les jeunes gens dans leurs Cercles d'études,

avec nos *frères les ouvriers*, comme nous disions alors et comme nous continuons certes encore à dire aujourd'hui, mais peut-être avec moins de solennité, parce que cette expression nous paraît désormais si naturelle et si simple que nous ne la remarquons même plus. Nous avons déjà expérimenté que l'on peut se comprendre et s'aimer malgré la nature différente du travail quotidien, pourvu qu'on poursuive le même but, qu'on ait la même ardeur au cœur : cela aussi, nous l'avions bien affirmé jadis, mais grâce à je ne sais quelle foi toute gratuite et volontaire ; aujourd'hui, nous n'avons plus besoin de croire à la possibilité d'amitiés dont nous connaissons toute la franche sincérité et dont nous avons goûté tout le précieux réconfort ; nous n'avons qu'à tâcher de nous en servir pour devenir chaque jour meilleurs, plus forts, plus capables de travailler à la tâche sublime qui est celle de chacun de nous et qui seule doit nous unir.

(1) On trouvera exposé en détail tout ce qui regarde l'organisation des Salles de travail et des Promenades artistiques et scientifiques dans le chapitre intitulé *Quelques projets pratiques* de notre brochure *L'Education sociale du peuple*. (En vente au *Sillon*.)

en les mettant en relation avec des conseillers capables de leur indiquer les ouvrages à consulter, de répondre à leurs questions et, grâce à une fraternelle collaboration intellectuelle, de faciliter leurs études.

Des Promenades artistiques et scientifiques, consistant en visites d'églises, de musées, de laboratoires, de galeries scientifiques, d'œuvres économiques, etc., vinrent inaugurer pour les jeunes ouvriers un enseignement vivant et animé, préparé avec soin par l'envoi préalable de courtes notices explicatives et « fait surtout en vue d'une formation générale, et moins pour ajouter aux connaissances précises qu'on peut trouver dans les livres que pour former le goût et les idées, développer le jugement scientifique ou le sens du Beau et de l'Art » (1).

Enfin, désireux de ne plus nous adresser seulement à nos camarades des Cercles

(1) Extrait de la circulaire du *Sillon* annonçant les Promenades artistiques et scientifiques.

d'études, mais résolus à entreprendre un très vaste apostolat et à essayer d'atteindre tout le monde autour de nous sans distinction d'opinions, nous commençâmes, dès le mois de février 1900, à donner fréquemment, dans les salles de la rue de Bagneux, des conférences, des lectures populaires, des auditions musicales. Une sorte d'Université populaire était ainsi formée.

Nous indiquâmes franchement par une grande affiche apposée sur les murs de Paris dans quel esprit nous comptions travailler :

Camarades,

. . . .

Il ne suffit pas que la Liberté soit écrite dans nos lois ; il importe qu'elle pénètre dans nos mœurs. Il faut que, suivant la parole de Lamartine, « nous fassions descendre la Lumière partout où nous avons osé instituer la Liberté », car *c'est la Vérité qui rend l'homme libre.*

. . . .

Ouvriers, étudiants, nous appartenons à tous

les milieux. Nous voulons nous connaître, nous aimer et marcher ensemble.

.   .   .   .

Nous avons conçu spontanément le dessein de travailler nous-mêmes à notre propre formation sociale, en dehors des agitations de la politique.

Nous ne sommes les hommes d'aucune coterie. Nous agissons dans notre pleine et entière indépendance.

Nous voulons penser par nous-mêmes pour pouvoir plus tard agir par nous-mêmes.

Nous poursuivons une œuvre d'affranchissement.

Nous sommes catholiques.

Nous considérons qu'il ne nous est pas permis de refuser à la grande cause démocratique les énergies que la foi du Christ a déposées dans nos âmes ; mais nous nous jugerions impies si nous avions jamais la pensée de rabaisser le catholicisme en n'en faisant plus qu'un parti, et de nous servir de la religion pour défendre des intérêts égoïstes.

Nous voyons des frères en tous les hommes, quelles que soient leurs croyances, leurs races, leurs opinions.

Nous n'avons qu'une arme, la Vérité, et qu'une force, l'Amour.

. . . .

Nous eûmes la satisfaction de voir ces déclarations favorablement accueillies même par des anticléricaux fort notoires et influents. Nous nous sentions du reste, vis-à-vis de nos adversaires, dans une position très forte et comme inattaquable : n'avions-nous pas le devoir de travailler, nous aussi, à la grande œuvre de l'affranchissement intellectuel de la démocratie et n'enlevions-nous pas tout prétexte aux accusations de duplicité et d'hypocrisie en déclarant nous-mêmes, et de prime abord, par amour de la franchise et des situations nettes, que nous étions catholiques (1)?

(1) Nous avons toujours tenu, au *Sillon*, à insister sur le caractère très nettement catholique et en même temps très large et très tolérant de notre action :

« Souvenons-nous, camarades, écrivions-nous dans une adresse distribuée à l'entrée d'une de nos premières réunions des Cercles d'études, que notre but n'est pas

Et nous nous sommes vite rendu compte
de la possibilité d'amener dans nos salles du

de triompher pour écraser des adversaires. Il y a des
hommes, je le sais, qui nous ont déclaré une guerre à
mort, une guerre d'extermination. Mais nous, nous
n'oublierons jamais de quel esprit nous sommes : nous
travaillerons pour ceux-là même qui se disent nos
ennemis ; car, bien loin de songer jamais à de cruelles
représailles, nous n'avons d'autre ambition que de les
gagner à la vérité et de les faire bénéficier, comme les
autres, du bienfait de notre pacifique victoire.

. . . .

« Nous donnerons ainsi à nos adversaires eux-mêmes
une bonne opinion de nous... Ils finiront bien peut-être
par convenir que nous ne sommes pas des enfants de
servitude, et que l'air libre et la pleine lumière ne nous
font pas peur. Les hommes ont coutume de juger
l'arbre par les fruits : montrons donc aux hommes des
fruits qui les forcent à estimer l'arbre dont nous
sommes les rameaux. » (*Le Sillon*, 25 octobre 1899.)

Nous avons encore précisé ce caractère du *Sillon*
dans un article que nous avons fait paraître dans le
Mouvement socialiste, en réponse à une attaque dirigée
contre nous dans la même revue par M. Victor Char-
bonnel.

« .. Nous sommes plusieurs parmi les jeunes catholiques, écrivions-nous alors, qui avons compris que
pour faire enfin de la France cette forte et libre démocratie dont le rêve obstiné demeure en nous, il ne suffit

Sillon même des adversaires. Un comité socialiste révolutionnaire avait organisé dans

pas de voter des lois, d'écrire des formules dans les constitutions, mais qu'il faut surtout travailler à développer dans notre pays le goût de l'initiative, la conscience des droits et des responsabilités, le sens social.

. . . .

« Aussi, nous nous sommes mis tout simplement à l'ouvrage... Nous ne voulons pas pétrir les âmes comme un sculpteur façonne l'argile ; nous voulons *libérer* les âmes, et nous croyons qu'une fois les ténèbres dissipées la vérité sera bien assez forte pour se faire aimer par elle-même, nous souvenant de la parole de l'Apôtre : *Dieu n'a pas besoin de nos mensonges.*

. . . .

« Nous nous efforcerons de développer dans les milieux catholiques et parmi ceux que les convictions religieuses rapprochent de nous, non seulement l'esprit d'apostolat, mais aussi le sens de la tolérance, le respect de la bonne foi, l'horreur de l'hypocrisie, le goût de l'initiative, de l'action libre et indépendante. Que les socialistes convaincus fassent de même dans les milieux socialistes, et, au moins, de la sorte, nous contribuerons les uns comme les autres à grossir le nombre des esprits droits et sincères qui préparent laborieusement cette *réconciliation nationale* que plusieurs désirent mais n'osent encore espérer. » (Les jeunes catholiques et l'action sociale. *Mouvement socialiste* du 15 novembre 1899.)

notre quartier des conférences publiques de
propagande. Quelques-uns de nos camarades
des Cercles d'études eurent la curiosité
d'aller voir ce que ce pouvait bien être ; nous
nous rendîmes donc à la première de ces
conférences révolutionnaires. C'était chez
un marchand de vin, dans une petite salle
où l'on accédait du comptoir par un escalier
étroit : une quinzaine d'hommes écoutaient
un orateur qui semblait avoir une certaine
peine à pousser les unes derrière les autres
des phrases très véhémentes. A notre vue,
légère inquiétude ; la salle est si peu vaste
que nous suffisons surabondamment à ache-
ver de la remplir et que l'escalier lui-même
se charge d'auditeurs. On nous reconnaît :
c'est le *Sillon*. Nul danger, nous sommes
très pacifiques. L'orateur, réveillé sans
doute par notre présence inattendue, reprend
son discours de très loin et expose à nouveau ses doctrines. Il est violent ; il attaque
l'Eglise, la religion ; il a de cruelles invec-

tives... De notre part, silence complet et digne : à peine quelques discrets sourires. Evidemment, cette attitude réservée étonne le conférencier qui, un peu décontenancé, finit enfin sa longue harangue.

Mais plusieurs d'entre nous ont demandé la parole. Impossible de nous la refuser. Nous répondons fraternellement ; nous sommes d'une déconcertante cordialité : nous louons les nobles préoccupations qui poussent, sans doute, des citoyens à consacrer leurs veilles à l'étude des intérêts généraux de l'humanité; puis nous expliquons notre conception de la démocratie et comment c'est le christianisme qui fait de nous de bons démocrates. On nous répond : nous arrêtons sur les lèvres les paroles amères avec de doux mots souriants de reproche. Nous répliquons, mais avec une affectueuse amabilité... Et cela dure une heure et plus... Nous avons visiblement conquis des sympathies. Déjà l'on commence à se retirer... et

les organisateurs enragent de la mauvaise
tournure qu'ont décidément prise les choses,
puisqu'il n'y a pas encore eu moyen de se
disputer... Enfin, de guerre lasse, l'un d'eux
se lève et changeant brusquement de ton :

« Citoyens, clame-t-il, nous avons fait, je
m'en aperçois maintenant, une grossière
erreur en laissant venir à nous ces cléricaux,
en leur permettant de parler, car ils trouvent
des choses à répondre à tout ce que nous
disons... Nous avons oublié qu'on ne discute pas avec ces gens-là,.. »

Mais, aussitôt, nous nous indignons de
cet aveu brutal, quoique pourtant, en somme,
d'une si touchante naïveté ; et certes, il
était difficile de nous fournir une occasion
plus merveilleuse de finir sur une vibrante
et pathétique protestation : ce qui fut fait.
Nos bons sectaires, un peu penauds, et saisis
de tant d'ardeur succédant brusquement
chez nous à une si tendre mansuétude,
essayent gauchement de fournir quelques

maladroites explications...; enfin, les heures s'étant enfuies et la fatigue étant venue, chacun s'en fut chez soi...

Quel ne fut pas notre étonnement, quelques semaines après, de rencontrer, assistant paisiblement à une de nos conférences populaires du *Sillon*, cinq ou six de nos bons socialistes ! Et l'un d'entre eux, qui ne craint pas d'ailleurs de revenir chercher des cartes pour nos réunions, me serra la main fort aimablement :

« Vous ne me reconnaissez pas, Monsieur ? ... On s'est rencontré chez le marchand de vin, le jour où vous avez parlé, vous savez... Eh bien, le fameux comité, cela n'a pas pu prendre dans le quartier ; et nous, maintenant, on va au *Sillon*. »

Pour faibles et sans importance que puissent encore sembler les résultats du tout récent effort de nos amis du *Sillon* en faveur de l'éducation populaire, ils ne nous en ont pas semblé moins bons à signaler, car notre rôle n'est pas de réaliser de grandes entre- prises, mais bien plutôt de faire des essais qui pourront peut-être avoir une utilité ana- logue à celle des expériences que réalise le chimiste dans son laboratoire et qui créent ou tout au moins orientent les méthodes des grandes industries. Quand un enfant découvre la naissance du filon d'un précieux métal que le travail de ses faibles mains a suffi à mettre à découvert, il se hâte d'aller en prévenir ceux qui ont la puissance de chercher le métal qui se cache sous la terre, et ceux-ci creusent une mine et exploitent le trésor ; de même, nous appelons aujourd'hui tous ces catholiques qui ont assez de zèle pour être souverainement intéressés à tout ce qui peut enrichir la cause qu'ils servent, et assez d'influence et de ressources pour pouvoir être entreprenants : nous leur crions que nous ici, en creusant la terre populaire, nous avons mis à nu un peu de cette activité morale et intellectuelle, de cette vie cordiale et fraternelle, trésor caché qui pourrait peut-être devenir la rançon inespérée de toutes nos ruines ; et, conscients de notre faiblesse, mais l'âme toute tendue vers ce but entrevu, nous les supplions de venir, de regarder et d'agir... Quant à nous, nous nous déclarerions déjà satisfaits si, comme l'humble sentinelle perdue dans la nuit et dont le premier cri est pourtant un signal pour toute une armée, nous avions pu contribuer à déterminer ainsi un vaste et généreux mouvement dont l'ampleur déborderait infiniment le champ restreint de notre initiative et de notre activité... Et cependant nous prions Dieu de ne pas nous rejeter alors comme des artisans désormais inutiles. Ne devons-nous pas ressembler à ces ouvriers qui s'en vont, au temps des moissons, offrir à qui les réclame le secours de leurs bras, qui peinent toute la journée dans la campagne, ignorant les bornes qui séparent les champs, et qui, le soir venu, ne demandent d'autre salaire qu'un peu de fraternité ?

****

Nous constatons d'ailleurs avec joie qu'un généreux mouvement paraît se dessiner dans les milieux catholiques en faveur de l'éducation populaire : les conférences et même les cours du soir se multiplient dans les faubourgs (1) et en particulier dans les patronages qui tendent à devenir de véritables institutions sociales ; de nombreuses initiatives, s'inspirant du même esprit, naissent spontanément dans nos provinces : c'est l'*Extension Universitaire* de Lille qui dirige les forces intellectuelles de l'Université catholique vers une action populaire et prépare peut-être la voie à ce quelque chose de plus complet encore que serait la créa-

(1) C'est ainsi, par exemple, que les *Œuvres ouvrières de Saint-Ouen* peuvent être déjà considérées comme un embryon d'Université populaire.

tion de véritables maisons où l'étudiant et l'ouvrier pourraient se rencontrer et mettre leurs énergies en commun (1), c'est cette

(1) C'est en 1896, à Roubaix, que les professeurs de Lille firent leurs premières conférences. Elles furent annoncées par voie d'affiches et de circulaires. Le caractère catholique de cet enseignement y était nettement indiqué :

« Les Facultés de Lille ne veulent pas oublier que leur qualité glorieuse d'Université Pontificale les oblige à propager dans le nord de la France le dépôt sacré de la foi catholique. Aussi, à côté des cours juridiques et économiques, tiennent-elles à instituer des enseignements d'une portée plus haute et plus large qui seront le complément très utile de l'instruction religieuse reçue au collège ou à l'école. Par là l'œuvre des cours publics tentée à Roubaix ne sera pas seulement un service rendu aux intérêts locaux, mais aussi un renfort donné à l'expansion des grandes idées chrétiennes. »

Nous trouvons dans un article de M. A. Doal, dans la *Revue de Lille* (février 1899) les renseignements suivants :

« Il s'agissait de donner, non des conférences isolées sur quelques sujets détachés, et sans liens entre elles, mais bien des cours suivis d'un enseignement méthodique, coordonnés pour plusieurs mois, d'après un plan d'ensemble.

« Six professeurs fixent chacun cinq leçons sur des

remarquable propagande catholique de la région lyonnaise dont l'intensité paraît si surprenante (1); c'est ce développement de l'enseignement agricole par les Patronages paroissiaux qui préoccupe et à si juste titre

questions d'apologétique, d'histoire, d'économie sociale, de législation industrielle, de droit commercial.

« .....Avec Roubaix encore, ce fut Tourcoing et Armentières que l'*Extension Universitaire* embrassa en 1897-98. Les 30 conférences furent remplacées par 143 faites par 15 professeurs des diverses Facultés.

« .....Le succès grandit de jour en jour ; aussi, en 1898-99, les dévoués organisateurs ajoutèrent ils un centre nouveau (la ville de Douai).

« .....Un concours est ouvert entre les auditeurs qui veulent bien prendre des notes, rédiger le résumé des conférences et envoyer leurs manuscrits au secrétariat des Facultés catholiques, à partir de la cessation des conférences. Deux prix sont décernés : le premier de cent francs, le second de cinquante francs. On demande aux concurrents de prouver qu'ils ont compris les conférences et qu'ils se sont assimilé la pensée des maîtres, plutôt que de fournir une reproduction textuelle des conférences. »

(1) La *Chronique du Sud-Est* rend compte d'une façon très complète de cette action dont le caractère politique est assez accentué et qui ne se rapporte peut-être en somme qu'indirectement à l'éducation populaire.

les frères bretons de l'*Instruction Chrétienne*,
disciples de l'abbé de Lamennais (1) ; ce sont
enfin tous ces groupes de jeunes militants
qui, ainsi que la *Saint-Luc* de Blois, organi-
sent avec entrain des conférences populaires
jusque dans les moindres hameaux. L'activité catholique semble se réveiller partout à
la fois, comme sous l'influence d'un souffle
bienfaisant, et les Unions provinciales de
jeunes gens commencent à être des foyers
intimes d'apostolat religieux et social (2).
Les méthodes d'apostolat participent elles
aussi à ce rajeunissement et nous croyons
que le moment est peut-être proche où l'action catholique va résolument s'orienter vers
l'éducation sociale du peuple.

(1) Au Congrès d'Auray, le 5 septembre 1895, un
rapport intéressant fut présenté par le Père Alexis-
Marie, secrétaire général de l'Institut de Ploërmel, sur
l'enseignement agricole et les Patronages paroissiaux.

(2) Citons parmi les Unions provinciales les plus pros-
pères celles du Pas-de-Calais, de l'Orléanais et de
Saône-et-Loire. Ces Unions font partie de l'*Association
Catholique de la Jeunesse Française*

Il importe toutefois de ne pas se laisser duper par de mensongères espérances et illusionner sur l'influence propre des œuvres vastes, dont le but est, en somme, de s'adresser presque indistinctement à tous. Ces œuvres risqueraient fort, si l'on s'appuyait exclusivement sur elles, de ne pas offrir de résistance sérieuse et de s'évanouir en une décevante fumée ; mais, — nous ne saurions trop le répéter, — nos Cercles d'études sociales doivent constituer les noyaux solides autour desquels pourront ensuite se former des groupements plus compréhensifs. Si nous n'arrivons pas à constituer une élite ouvrière catholique, ayant le sens et le goût de l'action sociale, notre édifice manquera toujours de fondement, nous aurons bâti sur le sable. Les Cercles d'études de jeunes ouvriers, dont le but est justement de former cette élite éclairée et agissante, demeurent donc comme à la base de tout notre travail de réorganisation sociale : favoriser leur développement, établir entre eux de fréquentes et actives relations, et préparer ainsi les premiers éléments de la société future que nous rêvons, voici bien l'œuvre primordiale, « une œuvre de toute importance » comme sont les premiers à le reconnaître les adversaires mêmes de l'idée catholique (1).

D'ailleurs le Cercle d'études réalise un idéal de liberté et de fraternité qui ne sera

(1) Le passage auquel nous faisons allusion se trouve dans une remarquable étude que M. le pasteur Doumergue a consacrée à l'action du *Sillon*, dans la revue protestante *Foi et Vie* (no du 16 octobre 1899) sous le titre suivant : *La propagande catholique parmi la jeunesse. Le Sillon* et les « petits cercles ouvriers ».

« Ce sont des jeunes gens, écrit M. Doumergue, qui semblent devoir être les sages de l'Eglise. Le *Sillon*, qui représente un groupe de jeunes démocrates catholiques, a mis à l'étude, puis a mis à exécution, l'œuvre des « petits cercles », une œuvre de toute importance. »

M. le pasteur Doumergue analyse ensuite consciencieusement le mouvement du *Sillon* avec un soin minutieux et beaucoup de pénétration, et regrette que « tant de piété et de pitié, d'enthousiasme », « soit pris, resserré dans les limites étroites de l'Eglise », car il

jamais atteint par aucun enseignement proprement dit, et arrive à supprimer la distinction de maîtres à élèves, chacun donnant
et recevant tour à tour; vraiment, à une
époque où les aspirations démocratiques
sont si fortes, nous serions bien mal avisés
de ne pas faire ressortir le caractère essentiellement démocratique que les liens solides
d'une foi commune nous permettent de
donner à nos Cercles d'études (1). Mais le

ne saurait oublier que toute cette activité a pour but
de « faire rentrer le peuple dans l'Eglise » et de « catho-
liciser la France ».

Les curieuses lignes suivantes, que nous extrayons
d'une revue protestante de Genève, montreront avec
quelle assiduité les protestants suivent toutes les tentatives de propagande catholique :

« Peut-être cependant nos Unions chrétiennes de
jeunes gens auraient-elles quelques leçons à recevoir
de la jeunesse catholique et le Congrès national de ces
Unions pourrait mettre à son ordre du jour l'étude des
moyens employés par les jeunes apôtres du *Sillon* ?
Quelle fermentation d'idées et d'œuvres nous offre notre
époque! » (*Journal du foyer*, 10 janvier 1900.)

(1) Nous avons insisté ailleurs (*L'éducation sociale
du peuple*. Quelques projets pratiques. IV) sur l'infé-

mouvement des Universités populaires vient
justement compléter celui des Cercles d'é-
tudes. Il fournit un aliment au besoin d'activité de l'élite ouvrière, tout en assurant à
cette élite un mode pratique de recrute-
ment; et surtout, il précise merveilleusement l'action fécondante que celle-ci est
appelée à exercer, en la remettant en contact avec la masse populaire, et en lui permettant de la transformer et de la vivifier.

Telle est la tâche qui s'offre à nos bonnes
volontés avec une magnifique mais impérieuse opportunité. N'hésitons pas, et puisque, suivant la redoutable parole d'un Père
de l'Eglise, « nous sommes responsables du

riorité de l'éducation officielle que sa neutralité théorique condamne, « pour ne pas demeurer tout à fait
impuissante, à se montrer autoritaire et à multiplier les
entraves et les barrières », si bien que l'on peut affirmer
que le *libéralisme doctrinaire* est le pire ennemi du
libéralisme pratique.

salut du genre humain », conscients de cette obligatoire solidarité, efforçons-nous de faire rayonner au loin la chaude et bienfaisante splendeur de la vie nouvelle dont Dieu ne nous a pas confié les germes pour que nous les enfouissions, stériles, dans nos âmes closes...

Ne pactisons pas avec l'erreur; mais que notre zèle ne soit jamais amer ni malveillant. Ne nous exilons pas loin de nos frères dans l'égoïste et fausse dignité d'une abstention jalouse ou méprisante. Mêlons-nous au contraire à la vie de notre siècle; approuvons toutes les bonnes et généreuses initiatives de quelque côté qu'elles viennent, nous souvenant de la parole du Maître : « *Celui qui n'est pas contre vous est pour vous* » (1); réjouissons-nous du bien partout où il se trouve; ne souhaitons pas le mal; ayons

(1) Voici le texte du passage auquel nous faisons allusion :

« Jean prenant la parole lui dit : *Maître, nous avons*

confiance en la vérité. Que notre cœur soit rebelle à la haine et docile à l'amour; que nos mains, malhabiles à détruire, épargnent et respectent l'indécise clarté de la lampe qui fume encore; qu'elles soient promptes à bâtir et joyeuses de construire un temple assez vaste pour que tous y puissent trouver place; que de nos cœurs s'échappe cette

vu un homme qui chasse les démons en votre nom, quoiqu'il ne nous suive pas, et nous nous y sommes opposés.

« A quoi Jésus répondit : *Ne vous y opposez pas. En effet il n'y a personne qui fasse un miracle en mon nom et qui puisse incontinent parler mal de moi.*

« *Car qui n'est pas contre vous est pour vous...* » (Saint Marc, ix, 37-39.)

La même parole du Christ se trouve aussi rapportée dans saint Luc (ix, 49-50).

Le texte que nous citons est souvent confondu à tort avec celui-ci, plus connu, et dans lequel Jésus-Christ veut nous montrer que le christianisme est le fait fondamental, par rapport auquel seront nécessairement fixées les destinées de chaque homme.

« *Qui n'est point avec moi est contre moi et qui n'amasse point avec moi disperse.* » (Saint Matthieu, xii, 30.)

flamme que le Christ est venu apporter au monde et qui, selon son commandement, doit tout embraser. Alors, dans ce grand mouvement qui, instinctif et multiple, parmi bien des déceptions et des mirages cruels, veut entraîner l'humanité vers plus de lumière, nous serons bien vraiment, au milieu des hommes, ce que nous devons être : les témoins de notre foi.

Puissions-nous, par ces quelques pages écrites seulement en vue de l'action, avoir précisé un peu des réflexions et des projets qui n'ont justement d'intérêt que parce qu'ils ne nous sont pas personnels et répondent aux préoccupations de plusieurs ! Et ce sera notre joie et notre honneur aussi, de songer que, peut-être, malgré l'humilité de notre effort, Dieu n'aura pas voulu que notre bonne volonté fût inutile tout à fait dans le grand labeur commun.

Cercles d'études

et

Instituts populaires

DEUXIÈME PARTIE

Cercles d'études et Instituts populaires

Former des hommes capables de s'employer utilement à une tâche, aptes à rendre des services déterminés : tel est évidemment le but de toute éducation. Il importe donc d'avoir sans cesse devant les yeux le rôle que seront appelés à jouer ceux qu'il s'agit d'élever, pour orienter efficacement leur formation même. Or, si, aujourd'hui plus que jamais, nous avons besoin de citoyens libres, conscients et éclairés, qui sachent non seulement un métier, nécessaire pour leur assurer le pain quotidien et pour leur permettre de concourir à la prospérité matérielle de tous, mais qui puissent encore travailler à affranchir notre pays des préjugés qui l'aveuglent, à le délivrer de l'esclavage occulte ou effronté des *mauvais bergers*, et à réaliser enfin cette harmonie féconde et pacifique qui permettrait à chacun d'apporter à l'œuvre commune l'effort de son énergie et de collaborer pour sa part, tout à la fois souverain et responsable, au gouvernement de la chose publique, comment ne pas reconnaître, dès lors, qu'une éducation sociale s'impose, sans laquelle les hommes, même les meilleurs, risqueraient de devenir une proie facile, à la merci de toutes les ambitions et de toutes les cupidités ?.... Et si nous croyons, d'autre part, que notre société ne peut que s'épuiser et s'anémier chaque jour davantage, à moins que la sève vigoureuse de la foi chrétienne ne se reprenne à la féconder et à la vivifier, nous ne pouvons échapper à cette conclusion que c'est, d'une façon toute privilégiée, dans nos milieux catholiques eux-mêmes que nous avons à développer le *sens social* et à former de jeunes hommes capables justement de l'action particulière qui s'impose à eux de toute nécessité.

Il y a quelques années, certains esprits timorés, défenseurs attardés des œuvres de *simple préservation*, auraient pu s'effrayer encore de ce langage; mais aujourd'hui, l'audace de nos adversaires s'est si fort accrue, ainsi du reste que la violence même de la crise morale et sociale que nous traversons, et d'ailleurs l'évidence de ce raisonnement est telle, que personne n'oserait plus nier, je crois, la nécessité d'une formation sociale. Nous avons vu avec joie les préoccupations des pédagogues et des hommes d'œuvres se tourner de ce côté avec une bien significative persistance : pas une réunion, pas un congrès où l'on n'insiste sur ces idées, où l'on ne vote des vœux en ce sens. Les milieux les plus craintifs et les plus hésitants se réveillent eux-mêmes; et, sans doute, de crainte d'être trop dépassés et de perdre ainsi tout leur crédit, ils s'essayent, à leur tour, à s'adapter de leur mieux, malgré encore quelques incertitudes et quelque timidité, aux besoins et aux exigences du temps présent.

Nous croyons donc qu'il ne sera pas sans utilité d'essayer de préciser ici de notre mieux la méthode d'éducation démocratique qui nous semble la plus apte à correspondre aux nécessités actuelles. Inutile de dire que nous n'avons la prétention de construire aucun système *a priori*, et que nous voulons seulement nous placer sur le terrain solide des faits et nous appuyer sur certaines expériences qui, pour récentes qu'elles soient, ne nous en semblent pourtant pas moins concluantes.

S'il est vrai qu'aucune éducation ne peut jamais s'imposer de l'extérieur et que le maître ne doit jamais être, en somme, qu'une sorte de collaborateur, combien cette vérité ne devient-elle pas plus incontestable encore lorsqu'il s'agit d'une éducation qui se propose justement de permettre à celui qui la reçoit d'agir par lui-même, qui veut le rendre capable d'initiative et de spontanéité !

Il faut donc que le jeune homme fasse l'apprentissage de sa liberté, qu'il s'habitue à penser, à parler, à agir par lui-même. Il importe non seulement qu'il contemple la Vérité, mais aussi qu'il s'entraîne à la propager et à la défendre.

Le Cercle d'études, cet organisme si solide et si souple tout à la fois, lui permettra de se donner à lui-même cette indispensable formation. Œuvre propre des jeunes gens qui le composent, c'est comme la cellule vivante autour de laquelle se fera tout le travail de réorganisation sociale. Le Cercle d'études n'a peut-être pas tant encore pour but de développer les connaissances que de

préparer à la vie civique, et combien plus
justement à lui qu'aux écoles s'appliqueraient
ces belles paroles de Jules Simon :

« C'est se tromper sur les écoles, sur leur
but, sur leur grandeur, que d'y voir surtout
la propagation de la science; il faut y chercher, il faut y mettre la propagation du courage et de la vertu... Fondons des écoles
pour éclairer l'intelligence, mais surtout
pour fortifier les volontés. »

Le Cercle d'études, cependant, ne peut
s'ouvrir qu'à une élite : il exige des qualités
morales, une vaillance d'esprit et de cœur
qui ne sont pas, hélas! fort communes ; et à
quoi serviraient, d'autre part, ces bataillons
bien aguerris s'ils étaient condamnés à vieillir
inutiles dans de stériles veillées d'armes?
Il importe qu'ils puissent lutter et conquérir.
Mais quel lieu sera propice à leurs premiers
travaux, alors surtout que, de nos jours, il
est si difficile de rencontrer un terrain qui
ne soit pas pitoyablement embroussaillé de

violences et de haines? Il fallait donc créer, à côté du Cercle d'études, nécessairement étroit et fermé, un milieu largement ouvert à tous, même aux adversaires, et où, protégé par les garanties d'une discussion libre et sérieuse, on pût manifester ses certitudes et ses croyances sans crainte de les soumettre à la controverse, commencer à rendre témoignage à ce qu'on croit être la vérité, sans appréhension de la mettre en contact avec les opinions adverses; en un mot, faire œuvre véritable d'expansion intellectuelle et morale. Ce milieu, c'est l'Institut populaire, qui n'est autre chose que le rayonnement du Cercle d'études.

Cercles d'études et Instituts populaires, tels sont donc, dans la méthode que nous préconisons, comme les deux pôles de l'éducation démocratique.

Nous voudrions définir le plus exactement possible la situation même de ces deux organes essentiels, préciser les services qu'ils sont appelés à rendre ou dont on leur est déjà redevable, et nous efforcer enfin de faire bien nettement pénétrer toute l'économie de cette sorte d'organisme double.

Nous avons maintes fois essayé de montrer tout le merveilleux parti que l'on pourrait tirer de nos admirables patronages catholiques, si l'on s'attachait, de plus en plus, à en faire des instruments de formation sociale; nous avons proposé de placer au centre de tous ces Petits Cercles de patronage où se réunissent les *grands* de véritables Cercles d'études sociales, et nous avons tâché d'indiquer comment, en renonçant au vieux système des *œuvres closes*, et en allant allumer, en quelque sorte, l'ardeur apostolique des hésitants aux foyers déjà embrasés, on parviendrait facilement à « profiter de cette sorte d'éveil et de crise de jeunesse, qui est si hâtive, surtout chez nos précoces ouvriers parisiens, pour orienter définitivement le jeune homme dans la voie qu'il doit suivre toute sa vie » ; nous avons insisté sur l'utilité qu'il y aurait à « établir des relations entre les membres des différents Petits Cercles ou plus exactement à favoriser leur rapprochement » ; nous avons proposé l'organisation de réunions intimes où « quelques jeunes gens, choisis parmi les plus actifs des patronages, pourraient s'entendre en toute liberté, causer familièrement, se tenir au courant de ce que chacun aurait tenté, prendre des rendez-vous, s'inviter les uns les autres dans leurs Cercles respectifs..., préparer en commun l'action extérieure à laquelle il est nécessaire qu'ils s'exercent le plus tôt possible, en un mot faire acte d'initiative et s'occuper eux-mêmes de leurs propres affaires » ; nous avons voulu montrer enfin comment le *confrère* de patronage, en s'offrant à aider dans le travail du Cercle le jeune ouvrier, en collaborant ainsi véritablement avec lui, arriverait plus facilement à s'unir à lui par les liens d'une très active et très féconde camaraderie...

Quand nous songeons qu'il y a si peu d'années nous parlions encore de tout cela seulement comme de projets et d'espérances ; quand nous nous souvenons de ces toutes premières réunions où, avec quelques jeunes ouvriers, — cinq ou six tout au plus, — nous élaborions nos plans de travail et d'action et, forts d'une assurance vraiment enfantine, nous *préparions l'avenir* ; quand, avec un involontaire attendrissement, nous revoyons toute notre confiance, tout notre enthousiasme d'alors dans la brume d'un passé qui, pour tout proche qu'il est, n'en semble pas moins déjà lointain, nous ne pouvons vraiment nous défendre de je ne sais quelle reconnaissance joyeuse en présence de la route si allègrement faite et des étapes si vite parcourues... N'avions-nous donc pas raison de dire que nos projets correspon-

daient à un véritable besoin et que nous ne
faisions qu'exprimer le sentiment intime de
beaucoup, puisque, de toute part, avertis
intérieurement et comme pressés par la
même voix qui nous avait poussé, se sont
rencontrés avec nous d'ardents et solides
ouvriers de l'œuvre commune !

Durant ces quelques années, les Cercles
d'études sociales de jeunes ouvriers se sont
développés, en effet, de prodigieuse façon,
et en particulier justement dans les patronages. Nos amis du *Sillon* ont eu la joie
d'appliquer dans la pratique cette méthode
d'éducation populaire qui, certes, n'aurait
jamais eu qu'un intérêt fort médiocre, si
l'on se fût contenté de la décrire à travers
les pages des revues.

Bien vite furent ouvertes nos *Salles de
travail,* dont l'idée nous avait été suggérée
par les ouvriers eux-mêmes, désireux d'être
aidés dans la préparation des conférences
qu'ils étaient appelés à faire à leur Cercle

d'études. Les jeunes membres des Cercles s'y rencontrent avec des conseillers qui sont non des maîtres, mais des amis, et grâce aux Salles de travail s'établissent entre les jeunes consultants et les conseillers des rapports d'une qualité particulièrement précieuse, puisqu'ils prennent naissance dans un effort véritable, fait en commun. Mais, petit à petit, nous nous aperçûmes que nos Salles de travail n'étant pas seulement utiles aux jeunes ouvriers, mais encore aux apprentis-conseillers, elles devaient être considérées pour ces derniers comme une sorte d'Ecole d'application, dans laquelle il était bon que tous nos nouveaux collaborateurs prissent l'habitude de faire un stage. D'ailleurs, les stagiaires de nos Salles de travail allaient trouver un nouvel emploi tout naturel dans la préparation des tracts, matériaux de conférences appropriés aux besoins des Cercles d'études et qu'on nous réclamait, surtout en province; or ces tracts n'avaient vraiment d'intérêt que si l'on bénéficiait pour leur confection de cette sorte d'enquête permanente à laquelle nos conseillers étaient à même de se livrer, que si l'on pouvait les considérer comme des émanations de nos Salles de travail, comme de véritables consultations gratuites.

Les Promenades artistiques et scientifiques, préparées et conduites par nos amis du *Sillon*, nous ont aussi permis, tout en offrant aux jeunes membres des Cercles d'études les avantages d'un enseignement vivant et animé, de faciliter ces relations si utiles entre groupes différents ainsi qu'entre ouvriers et étudiants, et d'établir dans les rapports je ne sais quoi d'aisé, de cordial et de sympathique. Des voyages ont même été organisés, non plus seulement dans un but d'étude, mais pour resserrer les liens qui unissent les Cercles de Paris et de la province, et l'on pourrait difficilement se figurer quelles admirables fêtes de fraternité sont ces réceptions intimes, et quel inoubliable réconfort chacun trouve à ces rencontres si fécondes en résolutions courageuses et en rêves de vaillance!

Nos amis du *Sillon* ne se sont pas seulement proposé de venir en aide aux Cercles d'études ainsi que nous venons de l'indiquer; ils ont cru qu'il fallait fournir à ces groupes, dont la faiblesse provient trop souvent de leur isolement, l'occasion de se connaître, de se retrouver, de sentir bien vivement qu'ils font partie de quelque chose de très fort, quoique de très souple, de très un, quoique de très libre, d'avoir conscience qu'ils ne sont pas seuls, mais entourés, compris, soutenus, et que, malgré l'indépendance de leur allure, ils sont tous ensemble en marche vers un même but.

Des Congrès régionaux réunissent chaque année les Cercles d'études des mêmes provinces, tandis que des Congrès nationaux permettent à nos amis de toute la France de prendre contact les uns avec les autres, de se tenir au courant du mouvement général et de faire provision de courage et d'énergie.

Chaque jour plus nombreux les *Sillons de province* nés spontanément et formant entre eux tous non une fédération, mais une véritable *unité*, groupent autour d'un mouvement parfaitement homogène, ce qui leur permet d'être un mouvement de pénétration, des énergies disciplinées, chaque jour plus conscientes et plus conquérantes.

Partout, d'ailleurs, l'apostolat catholique s'oriente du côté de l'éducation populaire : on dirait qu'une sève abondante et jeune fait craquer la vieille écorce et pousse en tous sens de vigoureux rameaux ; et, sans doute, nous ne connaissons pas encore toutes les tentatives fécondes qui s'inspirent du même esprit, car l'humilité de bien des initiateurs égale leur bienfaisante activité, de telle sorte que nous avons été plus d'une fois surpris, dans nos courses à travers la

province, de découvrir d'admirables dévouements ignorés et des germes merveilleux
d'action sociale, cachés sans doute encore
aux regards, mais non pas stérilement en-
fouis.

Les œuvres qui se développent ainsi se
rapprochent toutes plus ou moins du Cercle
d'études sociales, s'inspirent, en somme,
d'un esprit commun, si bien qu'il est permis
de considérer, même au point de vue expé-
rimental, le Cercle d'études comme le type
pour ainsi dire unique de cette éducation
populaire qui se propose de former une
élite, grâce à laquelle l'œuvre de salut
pourra s'accomplir.

Le développement des Cercles d'études a
été si prompt, et — ce qui vaut mieux encore
— leur nécessité si bien sentie de tous, on
s'est mis partout si vaillamment au travail,
qu'il n'a pas été présomptueux de songer
bientôt à compléter l'œuvre commencée,
d'autant mieux que ce n'était là, en somme,

que fortifier et consolider la première partie de l'ouvrage. Le Cercle d'études était fondé : il restait à créer l'Institut populaire. Notre ambition serait non pas tant de décrire dans tous ses détails le mécanisme, si simple d'ailleurs, de cette nouvelle institution que de bien faire comprendre l'esprit qui doit l'animer, alors surtout que certains hommes, peu sympathiques d'ailleurs à tout ce qui provient de l'initiative des catholiques, ont semblé véritablement n'avoir pas sérieusement regardé ou tout au moins n'avoir pas bien vu.

**
***

C'est le dimanche 3 février 1901, à huit heures et demie du soir, que fut inauguré, dans le Vᵉ arrondissement, notre premier Institut populaire parisien. Ce fut, en vérité, une soirée presque triomphale. La foule débordante qui emplissait la salle, semblait comprendre qu'elle était venue pour autre chose que pour applaudir un discours, si éloquent fût-il d'ailleurs, et tous ces ouvriers, tous ces étudiants fraternellement serrés les uns contre les autres, paraissaient résolus à faire mieux que d'approuver, à travailler par eux-mêmes et virilement, tandis que, émus sans doute d'une joie très douce, plus d'un parmi les hommes illustres qui avaient bien voulu répondre à notre appel et qui se trouvaient confondus dans la foule, se reprenaient peut-être à espérer au contact de cette confiante jeunesse, et à moins cruellement douter de l'avenir.

L'éclat même qui entourait la fondation nouvelle (1) eût risqué de faire perdre de

(1) Voici les noms des signataires de l'affiche par laquelle nous annoncions l'inauguration de l'I. P. du V⁰ arrondissement :

Fernand Bernard, docteur en droit, ancien magistrat; Georges Blondel, docteur ès-lettres et en droit, professeur à l'Ecole des Hautes-Etudes commerciales ; Boistel, professeur à la Faculté de Droit de Paris; P. Bourget, de l'Académie française ; Bouteille, ingénieur des Arts et Manufactures; Branly, docteur en méde-

vue sa signification véritable, si l'on n'avait
pris soin de la rattacher à tout l'ensemble
du mouvement d'éducation populaire que
nous étudions; pas plus qu'ailleurs il n'y a
eu là de génération spontanée, et c'est sans

cine, docteur ès-sciences, professeur à l'Ecole libre des
Hautes-Etudes ; Brossard, pharmacien de 1re classe;
F. Brunetière, de l'Académie française, maître de conférences à l'Ecole normale supérieure ; Bruslé, docteur
en médecine ; Victor Buthaud, industriel ; Charles Brun,
agrégé des lettres, professeur au Collège libre des
Sciences sociales ; E. Chénon, professeur à la Faculté
de Droit de Paris, ancien élève de l'Ecole polytechnique ; Costa de Beauregard, de l'Académie française ;
F. Darbois, docteur en Droit, ancien magistrat;
Deville, ancien chef de division à la Préfecture de
police; R. Doumic, agrégé de l'Université; Emile
Faguet, de l'Académie française ; George Fonsegrive,
agrégé de l'Université, directeur de la *Quinzaine;*
Gouraud, médecin de l'hôpital de la Charité ; William
Gousseau, professeur de musique; Georges Goyau,
ancien élève de l'Ecole normale supérieure, agrégé
d'histoire, ancien membre de l'Ecole de Rome; d'Haus-
sonville, de l'Académie française; A. Jacquet, graveur,
membre de l'Institut; Jay, professeur à la Faculté de
droit de Paris ; Henri Joly, doyen honoraire de la Faculté des Lettres ; Emm. de Las-Cases, avocat à la
Cour d'appel ; François Laurentie, ancien élève de

doute dans l'ignorance où ils étaient de la
genèse même de l'Institut populaire qu'il
faut trouver une excuse aux critiques injus-
tifiées de certains censeurs qui ne craignent

l'Ecole normale supérieure, agrégé des lettres ; Le Roy,
ancien élève de l'Ecole normale supérieure, professeur
agrégé de mathématiques, docteur ès sciences ; Henri
Lorin, ancien élève de l'Ecole polytechnique, membre
du Comité de direction du Collège libre des Sciences
sociales ; Luc-Olivier Merson, artiste-peintre, membre
de l'Institut ; Piédelièvre, professeur à la Faculté de
Droit de Paris ; Pillet, professeur à la Faculté de Droit
de Paris, associé de l'Institut de Droit international ;
Prevert-Leys ; Puisieux, maître de conférences à la
Faculté des Sciences, astronome adjoint à l'Observatoire ; Albert Rousseau ; Saleilles, professeur à la
Faculté de Droit de Paris et au Collège libre des
Sciences sociales ; Marc Sangnier, ancien élève de
l'école polytechnique, président du *Sillon* ; Souchon,
professeur à la Faculté de Droit de Paris ; Thaller,
professeur à la Faculté de Droit de Paris et au Collège
libre des Sciences sociales ; Thureau-Dangin, de l'Académie française ; Max Turmann. professeur au Collège
libre des Sciences sociales ; Albert Vandal, de l'Académie française ; E.-M. de Vogüé, de l'Académie française ; Charles Wolf, membre de l'Institut, astronome
honoraire de l'Observatoire, professeur à la Faculté
des sciences.

pas de nous accuser d'avoir simplement voulu copier les Universités populaires existantes et de n'avoir eu d'autre intention que de fonder la *maison d'en face.*

L'Institut populaire, prévu et préparé depuis longtemps, n'est autre chose que l'aboutissement ou, plus exactement encore, le corollaire logique du Cercle d'études. On ne saurait le considérer comme d'importation étrangère, puisqu'au contraire sa place est si nettement marquée dans notre travail d'éducation populaire que, sans rien emprunter aux autres, nous arrivons, par l'effet du simple développement de notre méthode, à réclamer sa fondation... Que si, maintenant, d'un autre côté, et en suivant une marche différente, on est arrivé ailleurs à ouvrir avant nous des Universités populaires, peu nous importe, ou, plutôt, nous nous en félicitons même, si cette coïncidence a pu décider quelques amis timides à marcher avec nous, ou si les expériences déjà tentées par d'autres peuvent servir à nous guider et à nous instruire.

Mais ce qu'il nous semble intéressant de bien faire ressortir, c'est que notre conception de l'Institut populaire, rayonnement du Cercle d'études, est essentiellement démocratique, tandis qu'on ne saurait, en vérité, en dire autant de certaines Universités populaires qui, — et leurs fondateurs eux-mêmes le reconnaissent, — ne sont autre chose qu'une sorte de tentative de mainmise des *intellectuels* sur le peuple.

Nous n'entendons dénier en aucune façon aux *intellectuels* le droit de travailler à répandre dans les milieux populaires « *les méthodes sévères de la science, l'esprit critique* », pour employer les propres expressions dont s'est servi M. Séailles dans une de ces Universités populaires (1) ; nous reconnaissons volontiers, d'autre part, que c'est même leur

____

(1) Conférence de M. Séailles, le 3 octobre 1898, à la *Coopération des Idées*.

devoir de rendre témoignage à ce qu'ils
croient être la vérité, et qu'il y a, sans
doute, pour les *intellectuels* ce que l'un d'entre eux, et non, certes, des moins séduisants,
a si noblement appelé un *devoir d'aînesse*;
nous ne pouvons pas, pourtant, ne pas constater que notre méthode, à nous, est différente, que l'initiative ne descend plus d'en
haut, mais qu'en quelque sorte elle monte
d'en bas, et que c'est nous-mêmes qui entendons être les premiers ouvriers de notre
éducation.

« ... Certes, nos jeunes amis des Cercles
d'études, écrivions-nous dans *Le Sillon* quelques jours après l'inauguration de l'Institut
populaire, avaient bien le droit d'être fiers
dimanche soir, comme dans l'apothéose d'un
premier triomphe... Non vraiment, sans eux,
sans leur humble, leur incessant, leur opiniâtre labeur, rien de tout cela n'aurait pu
être, et en face de cette multitude ardente,
et comme toute soulevée vers l'avenir, au

sein de laquelle on distinguait tant de
savants et de penseurs illustres, eux aussi
vibrants de confiance et de jeunesse sous le
robuste souffle de la foi populaire, parmi
les acclamations et les bravos que rendait
plus brûlants encore ce bruit vaguement
perçu que faisaient dans la rue les cris de
quelques bandes pitoyables, venues pour
troubler notre assemblée et arrêtées au
seuil même de l'enceinte par l'impossibilité
de pénétrer dans une foule aussi compacte,
rumeur incertaine, semblable à celle des
vagues mauvaises qui se brisent, impuissantes, contre l'irrésistible digue, le moindre
des petits ouvriers du plus modeste des Cercles d'études de Paris aurait pu, en vérité,
se dire : Tout cela, c'est notre œuvre !

« ... Nos camarades étudiants n'ont jamais
eu la prétention d'être les éducateurs des
ouvriers, mais bien seulement de s'élever
fraternellement avec eux. Les uns comme
les autres, et sans même, en somme, —

tant la fusion morale est devenue complète,
— qu'il y ait encore besoin de distinguer
entre les uns et les autres, nous voulons
prendre conscience de nous-mêmes, réveiller nos énergies assoupies et devenir de
bons citoyens.

« Si des maîtres éminents se mêlent à
nous et nous permettent de profiter de leur
talent et de leur expérience, c'est que nous
les avons appelés, ils ne sont pas venus
d'eux-mêmes s'imposer à nous, et la diffé-
rence est immense. »

Nous ne disons pas que certaines Universités populaires ne soient pas provenues
de l'initiative des ouvriers, et nous savons
bien que la *Coopération des Idées*, en particulier, a été véritablement créée par
Deherme, qui a été ouvrier : nous avons
connu, rue Paul-Bert, le berceau de la future Université du Faubourg Saint-Antoine
et nous ne pouvons oublier que, si c'est
grâce aux Buisson et aux Séailles que la

Coopération des Idées doit d'avoir pu sortir des langes ignorés dans lesquels elle avait semblé d'abord devoir traîner longtemps son enfance attardée, c'est bien cependant Deherme, et lui tout seul, qui en fut l'auteur. Mais ce que nous ne craignons pas d'affirmer, c'est que, d'une façon générale, l'Université populaire ne procède pas de la même méthode que l'Institut populaire ; et il nous paraît difficile que nos adversaires eux-mêmes, — nous ne nous occupons, en effet, pour le moment que d'une question de méthode, — refusent de reconnaître le caractère excellemment démocratique de la nôtre.

L'organisation de l'Institut populaire doit accuser, elle aussi, ce caractère, en ne donnant qu'une place restreinte aux grandes conférences faites par des *intellectuels*, en favorisant le développement de groupes d'études, provenant de l'initiative des ouvriers eux-mêmes, et surtout en laissant au

Cercle d'études, véritable noyau de l'Institut populaire, toute l'importance qui doit lui revenir. Et c'est, en effet, ce que nous avons essayé de réaliser; nous espérons, de la sorte, que nos Instituts pourront rendre de véritables services aux travailleurs : dans tous les cas, ce ne seront pas de grandes machines prétentieuses et pédantes, mais des instruments très simples et bien appropriés aux besoins de ceux qui s'en serviront; puissent-ils aider puissamment à ce travail libre et fraternel, travail d'affranchissement et aussi de réorganisation sociale, sans lequel notre démocratie risquerait de rester toujours une incohérente et malfaisante démagogie, incapable de liberté et plus que jamais esclave, courbée sous le joug honteux des occultes et cruelles tyrannies!...

Nous venons d'essayer de rendre compte des principes sur lesquels repose l'organisation des I. P. On trouvera, sans doute, qu'il importe maintenant de dire clairement ce que nous voulons et où nous allons ; cett question nous fut même posée, dès le jour de l'inauguration, par des adversaires qui espéraient, sans doute, nous faire ainsi tomber dans quelque piège ; mais nous n'avions, au contraire, qu'à les remercier de nous fournir ainsi l'occasion de nous expliquer publiquement en toute franchise.

Tout d'abord, nous avons un but... Et certes, si nous n'avions pas un but, pourquoi donc nous serions-nous mis en marche ?...

Nous ne sommes pas des *neutres*, et malgré tout ce qui peut nous séparer les uns des autres au point de vue politique et, jusqu'à un certain point, économique et social, nous reconnaissons volontiers qu'il existe entre nos esprits une incontestable parenté. Mais, nous ne saurions trop le répéter, « ce n'est ni dans des desseins politiques communs, ni même dans des revendications économiques ou des aspirations sociales identiques, c'est au plus intime de notre vie morale, au plus profond de notre conscience religieuse qu'il faut chercher ce qui assure une orientation à notre labeur collectif, un sens à nos efforts (1) ».

Assurément, — nous sommes les premiers à le proclamer — nous avons un *esprit ;* et c'est même là, nous semble-t-il, ce qui, à nos yeux, assure l'utilité de notre tentative, et ce qui, dans tous les cas, doit, aux yeux de tous, lui donner quelque intérêt.

— Mais alors, n'ont pas manqué de s'écrier nos adversaires, votre Institut est *confessionnel ;* l'enseignement que vous donnez est *dogmatique.*

Ils se trompent. Notre Institut n'est pas confessionnel, notre enseignement n'est pas dogmatique, puisque ce n'est pas au nom des dogmes que nous parlons, mais au nom de la raison, de la conscience humaine. Le prêtre, en chaire, a mission de parler *comme*

(1) *Le Sillon* du 10 février 1900. Nouvelle étape.

11

ayant autorité; il a reçu du Christ le commandement de prêcher l'Evangile et d'annoncer la *bonne nouvelle* à toutes les nations; son enseignement est dogmatique. Le nôtre ne l'est point; nous entendons seulement « mettre au service de nos auditeurs les connaissances particulières que nos études ont pu nous permettre d'acquérir »; nous ne nous adressons pas à leur foi : nous ne cherchons pas à « leur imposer des idées toutes faites, mais seulement à les aider dans la recherche de la Vérité ». Il est vrai « que nous ne nous considérons pas comme obligés à ne présenter qu'une Vérité incomplète ou diminuée. Respectueux de la pensée libre, nous entendons ne pas limiter la franchise de la nôtre par les scrupules de je ne sais quelle impossible neutralité, et nous craindrions de manquer au respect de nos auditeurs, en ne leur révélant pas jusqu'où le travail intérieur de notre esprit a pu nous conduire, en leur dissimulant ce

que nous savons, en leur cachant ce que
nous croyons » (1).

Telle est notre attitude. On aura beau dire
et beau faire, nous nous plaçons sur un
terrain solide, honnête, et toutes les insinuations se briseront lamentablement contre
notre loyauté.

Nous nous adressons à tous. Nous ne
redoutons pas, au contraire, nous appelons
la discussion. Notre intention ne saurait être
de réduire quoi que ce soit d'une croyance
dogmatique qui sera naturellement étrangère
à beaucoup de ceux qui viendront nous entendre, mais bien de partir de données
positives, d'appliquer les méthodes scientifiques et historiques, de nous adresser au
bon sens et à la conscience humaine; et si
nous arrivons ainsi à faire éclater ce que
Mgr Ireland appelait si justement la « merveilleuse opportunité du catholicisme »,

(1) Extraits de l'affiche annonçant la fondation de
l'I. P. du Ve arrondissement.

comment ne pas voir que nous aurons ainsi précisément marché à l'inverse du dogmatique.

. Mais c'est justement là ce que ne veulent même pas essayer de comprendre certains de nos adversaires. Nous sommes catholiques, donc nécessairement résolus à endoctriner et à embrigader ; notre but ne saurait être que de « dispenser à nos auditeurs un enseignement dogmatique, derrière lequel s'abriteront des visées confessionnelles », car nous sommes unis « par le lien d'une même foi *politique*, métaphysique et sociale »; et d'ailleurs, « l'éternelle prétention du *cléricalisme* » n'est-elle pas « d'embrigader les esprits, de domestiquer les consciences et d'abaisser les caractères (1) »?

(1) *Le Signal : Unité ou Liberté?* Nous devons faire remarquer cependant que *Le Signal* a publié l'article en question sous la rubrique *Tribune libre.* — Nous avons été étonné de retrouver ce même article, publié dans la *Coopération des Idées* du 16 février 1901, précédé d'une courte note le dédiant aux

Voilà bien, au contraire, nous semble-t-il, l'éternelle prétention des anticléricaux qui apparaît ici, éclatante : toutes les philosophies, tous les systèmes, toutes les doctrines pourront s'offrir et essayer de se propager ; seule la pensée catholique n'aura pas le droit de se proposer aux libres esprits : sans discussion, sans examen, elle doit être rejetée, elle doit être mise hors la loi des intelligences.

Car, — il est impossible de s'y tromper, — c'est parce que nous sommes catholiques que l'on découvre tout d'abord en nous des

Universités populaires, *plus ou moins politiciennes ou anticléricales*, auxquelles on demandait *quels sont ceux qui portent des « coups mortels aux Universités populaires »* : ceux qui en gardent l'esprit libre ou les autres... Deherme voulait-il présenter l'U. P. du Faubourg Saint-Antoine comme neutre, en particulier au point de vue religieux ? Nous avons peine à le croire. Quant à *l'esprit libre,* à la tolérance ou au respect des adversaires, nous espérons avoir suffisamment montré qu'on les rencontre au moins autant à l'I. P. du Ve et dans nos autres I. P. qu'à la *Coopération des Idées.*

adversaires, sans même avoir pris la peine de nous avoir vus à l'œuvre ; c'est parce que nous sommes catholiques que l'on nous traite de complices ou de dupes ; c'est parce que nous sommes catholiques que l'on nous refuse le droit de travailler, nous aussi, à la grande œuvre de l'éducation populaire et que, sur tous les terrains, on préfère nous avoir comme adversaires que comme alliés, ou du moins comme émules...

Et voilà pourquoi aussi certains essayent maintenant d'opposer nos Instituts aux Universités populaires, en présentant celles-ci comme ouvertes, tolérantes, et véritablement *neutres*, ceux-là au contraire comme étroits, confessionnels, dogmatiques et sectaires.

« Les Universités populaires, lisons-nous dans le *Temps*, ne se proposent ni d'endoctriner, ni d'embrigader leurs adhérents. Elles se proposent de les renseigner tout simplement... Les hommes qui vont y prendre la parole ne sont *ni de la même Eglise, ni du même parti, ni de la même école.* Ils professent les *opinions les plus diverses.* Ils ne se sentent liés les uns aux autres que par un commun désir d'initier le plus grand nombre d'intelligences possible aux études qu'ils considèrent comme les soutiens et les ornements de la vie, et aux méthodes précises et rigoureuses qu'ils appliquent à ces études. Cela suffit à leur permettre de collaborer. » (*Le Temps*, 4 février 1901.)

« ... Là, il règne une *diversité*, une bigarrure *qui ne permet en fait d'unité que l'unité de méthode...* Notre ambition est de les (nos auditeurs) libérer d'abord de tous les *fanatismes* et de tous les *exclusivismes...* Montrons aux jeunes gens, aux hommes qui fréquentent les Universités populaires, comment il faut se faire une intelligence libre, *pour se mettre en mesure de choisir la doctrine à laquelle on adhèrera* et d'y adhérer par un acte de volonté réfléchie et consciente, etc., etc. » (*Le Temps*, 8 février 1901.)

Le Signal, journal protestant, qui est tout aussi net et en même temps plus violent, vante l'*impartialité* et même l'*éclectisme* des Universités populaires. Il nous montre leurs conférenciers « venus des différents points de l'horizon, restant autonomes, *n'ayant en commun que le culte du vrai et l'amour de la science*, et venant apporter en toute liberté leurs *doctrines*, leur *méthode*, leurs *procédés d'exposition*, leurs *conclusions* ». Il les adjure enfin de ne pas se laisser prendre au *piége* que nous leur tendons, de ne pas se départir de leur *impartialité*, « en *prenant posture de combat* et en se laissant *dévier* vers les *solutions systématiques du positivisme, du matérialisme ou d'une forme quelconque de l'irréligion* ».

Voici, certes, de fort belles déclarations ; mais si l'on ne veut pas se contenter de ces simples appréciations *a priori* de rédacteurs sans doute — nous le supposons du moins charitablement — mal informés, si l'on prend la peine d'observer et d'écouter, on arrivera bien vite à savoir exactement ce qu'il faut penser de cette fameuse neutralité des Universités populaires.

Et nous ne nous attarderons pas à montrer que, par exemple, l'Université populaire du X° arrondissement (1) ne saurait être neutre, puisque les citoyens qui l'ont fondée n'ont pas hésité à affirmer qu'ils étaient « *convaincus* que la révolution ne peut être faite que par des hommes conscients, instruits, et que seuls les bourgeois, les capitalistes ont intérêt à ce que le peuple reste dans l'ignorance afin de le mieux asservir », ni qu'Anatole France entendait respecter la neutralité en fondant, dans le XV° arrondissement, l'*Emancipation*, le 22 novembre 1899, puisqu'il n'a pas craint de prononcer ces paroles : « Citoyens, *ne croyez pas à l'enfer* : la science nous affranchit

(1) Un I. P. très prospère existe depuis quelques années déjà dans le X° arrondissement.

d'aussi grossières imaginations et d'aussi vaines terreurs !... Une longue tradition religieuse, qui pèse encore sur nous, enseigne que la privation, la souffrance et la douleur sont des biens désirables... *Quelle imposture !* C'est en disant aux peuples qu'il faut souffrir en ce monde pour être heureux dans l'autre qu'on a obtenu d'eux une pitoyable résignation... *N'écoutez pas les prêtres* qui enseignent que la souffrance est excellente. C'est la joie qui est bonne. *Votre association est de cet avis.* » Nous observerons plutôt cette *Coopération des Idées*, fruit du dévouement intelligent et du zèle opiniâtre de Deherme, qui fut la première des Universités populaires et sans doute la plus illustre et la plus intéressante. Il est d'autant plus utile de la bien considérer que, lors de sa fondation, elle se prétendait absolument libérale (1),

(1) « Toutes les bonnes volontés peuvent venir à nous, lisons-nous dans la *Coopération des Idées* d'avril 1899. Nous ne leur demandons pas ce qu'elles croient, ce

que nous y avons été nous-même accueilli maintes fois avec une courtoisie à laquelle nous nous plaisons à rendre hommage et que, enfin, lors de cette véritable crise des Universités populaires, qui fut provoquée par la présence, comme conférencier, de l'abbé Denis au Faubourg Saint-Antoine, la *Coopération des Idées* fut presque seule à affirmer son intention de se libérer du joug des politiciens de l'anticléricalisme militant, et de garder envers et contre tous son indépendance et son autonomie; et d'ailleurs au *Temps* comme au *Signal* on n'a pas manqué de nous dire que c'était, en effet, bien à elle que l'on songeait lorsqu'on nous parlait d'*éclectisme* et de libéralisme.

Or, voici justement qu'à l'occasion des troubles qui empêchèrent l'abbé Denis de faire sa seconde conférence, M. Lucien Le

qu'elles pensent ou ce qu'elles espèrent : il nous suffit qu'elles veulent et qu'elles agissent sans arrière-pensée ».

Foyer, qui représente à l'Université populaire le parti le plus populaire, le parti le plus tolérant, celui d'ailleurs qui triompha avec Deherme, parla au Faubourg Saint-Antoine de la Tolérance des Universités populaires : ses paroles engagent évidemment plus que lui-même, puisque, dans la *Coopération des Idées* du samedi 17 novembre 1900, Deherme annonce la publication prochaine de cette *décisive conférence* et termine par ces mots qui ne permettent aucun doute sur la portée qu'il va donner à cette publication : « *Les débats sont clos. A l'action !* pour la justice, pour la liberté, pour l'émancipation intégrale du prolétariat ».

Eh bien ! voici, entre autres choses, ce que nous reievons dans cette décisive conférence :

« *Nous sommes d'accord sur la fin...* Nous portons sur l'*ennemi* le *même* jugement... *Tous* nous n'avons que *mépris* pour

ce Dieu qui serait le dernier des hommes...
Tous nous n'éprouvons — malgré des excep-
tions éminentes et des saintetés indivi-
duelles qu'on rencontre dans son histoire,
— que *de l'horreur pour l'Eglise... Tous
nous sommes certains* qu'il ne faut attendre
de l'Eglise aucune transformation véritable,
aucune adhésion sincère aux principes des
temps nouveaux, etc., etc. (1). »

Quant aux motifs qui poussèrent Deherme
à appeler un prêtre au Faubourg Saint-
Antoine, si bien que certains ont pu prétendre qu'il voulait, à la *Coopération des
Idées*, ne pas prendre parti entre les amis et
les ennemis de l'Eglise, nous n'avons pas

(1) Dans un I. P., nous qui pourtant, *ne sommes
pas neutres*, nous n'aurions jamais osé tenir un langage analogue et dire : « *Tous* nous n'avons qu'amour
pour Dieu ; *tous* nous n'éprouvons que vénération pour
l'Eglise... » En parlant ainsi nous aurions fort risqué
de nous tromper, puisque notre Institut populaire est
ouvert à tous : de pareilles affirmations ne sauraient
évidemment convenir que dans un groupement *confessionnel*.

même besoin de les rechercher, puisque Deherme a pris soin de nous les indiquer lui-même très nettement à la fin d'un article justement consacré au cas de l'abbé Denis. Nous citons textuellement :

« La force de l'Eglise, c'est le Dieu qu'on cache. Arrachez le voile, le charme cesse, l'*absurdité* apparaît. »

« Nous voulons arracher le voile et faire la lumière, et nous persistons à croire que nous avons raison. » (*Coopération des Idées* du 3 novembre 1900.)

... Vraiment, il nous semble qu'en voilà assez pour éclairer même les plus prévenus et pour mettre fin à cette inutile légende de la *neutralité* des Universités populaires !...

D'ailleurs, en vérité, nous ne saurions nous en plaindre, puisque nous ne réclamons autre chose, après tout, que le droit de montrer, nous aussi, comme les autres, *de quel esprit nous sommes*, laissant à l'opinion publique le soin de se prononcer,

mais réclamant qu'on ne vienne pas, par
des insinuations et des erreurs conscientes
ou non, tout embrouiller et tout fausser:
c'est au grand jour, c'est devant tous qu'il
faut que les idées combattent, et l'ambition
même que chacun devrait avoir d'assurer
une lutte loyale ne pourrait-elle pas suffire
déjà à maintenir entre les adversaires quelque estime ou quelque respect tout au moins,
à défaut de sympathie !

Il est temps, enfin, que les catholiques
comprennent la vieille tactique de leurs
adversaires qui a toujours consisté à prétendre leur imposer un terrain de lutte habilement choisi, de façon à perpétuer leur
défaite. On ne s'est jamais placé sur le véritable terrain, et trop de catholiques, hélas !
plus politiciens que croyants, et désireux, —
sans s'en douter peut-être même, — de *se
servir* de la religion, alors qu'ils auraient

dû *la servir*, ont accepté, parfois avec reconnaissance, les conditions du combat qui leur
était ainsi offert.

On a uni le catholicisme à tout un ensemble
d'opinions et de tendances, de timidités et
de défiances, à toute une mentalité vieillie
et démodée qui n'est certes pas lui et qui
ne serait tout au plus qu'un habit usé dont
il n'a déjà plus que faire et qu'il saura bien
remplacer par un autre, lui qui demeure
éternellement jeune, alors que tout passe
autour de lui, même les vêtements divers
qui, tour à tour, le recouvrent un instant
sans se mêler à sa divine essence. On a pu
ainsi noircir la religion de tout ce que les
hommes avaient, à travers les siècles, fait
de cruel et de bas, sans se rendre compte
que leur perversité même eût été bien autre
encore sans l'action bienfaisante du catholicisme; et en amoncelant ainsi entre l'esprit
de l'homme et la vie divine un méchant
rempart de préjugés et d'ignorances, des

mains savantes ramassaient chaque injus-
tice, chaque souffrance nouvelle pour en
faire une pierre de plus de cette lamentable
muraille arrosée de pleurs sans espoir et ci-
mentée de haine...

Mais nous, qui naissons à la vie, l'âme
pleine d'amour tout à la fois pour notre
Christ et pour notre peuple, nous avons ré-
solu, — dussions-nous nous y ensanglanter
les mains et le cœur, — de renverser cette
muraille et d'accomplir l'œuvre d'affranchissement dont notre pays a besoin. Ceux qui
ne jettent les yeux que sur les spectacles
qui s'étalent au dehors et qui ne savent pas
chercher sous le sol les graines qui se
cachent dans l'humilité de l'attente ni découvrir les germinations qui s'y préparent,
l'ignorent assurément; et pourtant elle est
déjà née, cette nouvelle génération de catholiques que ne traînent plus derrière eux
tout un lourd passé mort, et qui, résolument
orientés vers l'avenir, sourds aux menaces

comme aux lâches conseils, marchent du côté du soleil levant... Ils sont nombreux déjà, ces jeunes hommes que je ne sais quelle mystérieuse et providentielle camaraderie rapproche dès qu'ils se rencontrent : ouvriers, étudiants, enfants qui, au fond des vieux collèges, entendent tout à coup, durant les studieuses veillées, comme des appels de clairon, jeunes prêtres dont l'âme sacerdotale depuis longtemps rêve, dans le pieux recueillement du calme séminaire, de vivant dévouement et de brûlant apostolat, tous ils sont frères bien vraiment dans la tâche sacrée qui les attend ; une *âme commune* habite en eux.

Ils seront les apôtres de l'œuvre d'éducation démocratique. Méconnus peut-être d'abord, raillés, sans doute, et maudits, parce que, comme le Christ Jésus, ils n'auront pas voulu haïr, ils iront cependant, sublimes entêtés de l'Amour... Il faudra bien qu'on les écoute enfin, et que la violence impuissante se brise au pied de leur douceur ; il faudra bien qu'on regarde et qu'on se dise : « Le vieil arbre n'est pas mort. Le sang du Christ est une sève féconde : voici de nouveaux rameaux qui sortent de l'écorce !... »

Puissions-nous être la jeune pousse de l'éternelle Église ! Puissions-nous, comme firent autrefois nos grands aïeux des temps anciens, avoir l'intelligence des besoins de notre siècle, adapter notre apostolat aux conditions de sa vie, aux exigences de son esprit, et travailler à donner un sens aux confuses aspirations qui le torturent !...

Et quelle tâche s'impose dès lors plus impérieusement à nous, au milieu même des incertitudes et des angoisses de l'heure présente, que celle de former une élite, puis d'atteindre la foule : c'est là justement tout le travail de l'éducation populaire, éducation que les nécessités actuelles aussi bien que l'instinct même le plus intime de nos cœurs nous empêchent de ne pas concevoir comme essentiellement démocratique.

Nous avons tâché de montrer combien il nous était facile d'essayer de réaliser dans la pratique cette véritable éducation démocratique : nous avons la conviction que plus d'un, sans doute, parmi ceux qui nous liront, non contents d'approuver, voudront agir ; et cela suffira à donner quelque valeur à ces pages écrites hâtivement, comme au milieu même du chemin, et qui ne sauraient certes prétendre à d'autres mérites qu'à celui de la franchise et de la bonne volonté.

Une Expérience

TROISIÈME PARTIE

Une Expérience

Rien n'est plus faible, plus impuissant, plus imbécile que la neutralité, lorsqu'on en fait non un pis-aller dont on s'humilie, mais un système dont on se glorifie.

Les Universités populaires ne pouvaient vivre qu'à condition d'être animées d'un esprit original, de juger et d'apprécier les événements d'un certain point de vue, d'accroître chaque jour le patrimoine commun des idées admises par tous et considérées comme acquises. L'affaire Dreyfus leur donna une vigueur éphémère en en faisant les instruments d'un travail sur l'opinion publique, les armes d'un combat. Elles eurent ainsi un instant une raison d'être parce qu'elles eurent un but. Mais les excitations qui les avaient fait naître ou, tout au moins, les avaient soutenues et fortifiées dès leur berceau s'étant enfin calmées, les Universités populaires redevinrent vite de pauvres maisons désertées par la foule que passionnaient d'autres débats, qu'attiraient d'autres luttes, et que ne suffisait pas à retenir l'espoir — combien problématique d'ailleurs — d'une haute et sérieuse culture intellectuelle et morale.

Nos illusions ne pouvaient durer longtemps, écrit Deherme. On était venu à nous parce qu'on ne nous entendait pas. Sous une autre étiquette on pensait suivre les mêmes errements. *Université populaire* : c'était seulement un titre à succès, et l'on suivait la mode (1).

(1) G. DEHERME. *Coopération des Idées,* Sept.-Oct. 1905, p. 524.

Deherme rêvait autre chose : il voulait refaire une société neuve, harmonieuse et fraternelle. Mais il ne songeait pas, dans sa naïveté, qu'il est puéril de compter atteindre un tel but en se contentant d'ouvrir au passant des salles de réunions et d'y multiplier les conférences les plus disparates. Le corps est plus que le vêtement et la vie plus que la nourriture. Quand on a quelque chose à dire, alors, mais alors seulement, on doit élever des chaires ; et il ne faut songer à bâtir des *Maisons du Peuple* que quand le peuple a déjà pris conscience de la tâche sainte qui est la sienne. Autrement il se servira tout naturellement des instruments qu'on met entre ses mains pour la méchante et coupable besogne de division à laquelle il a coutume d'user ses énergies (1).

(1) Deherme fut chassé en avril 1904 de l'œuvre qu'il avait créée et à laquelle il avait donné sa vie. Une cabale, conduite par un aventurier du grand monde qui pénétra discrètement d'abord dans l'U. P., puis se fit

Le Congrès des U. P. de 1905 définit ces groupements des « associations laïques et

par ses largesses — et, en particulier, en permettant aux ouvriers du faubourg de jouir d'une villa au bois de Boulogne, le *Château de la Coopération des Idées,* — une popularité de mauvais aloi dont il se servit pour supplanter Deherme, aboutit à une crise violente et à la ruine des tentatives de l'initiateur social qui assiste ainsi lui-même au lamentable écrasement de toutes ses espérances.

La vérité est souvent plus excessive en ses enseignements, plus violente en ses leçons que l'imagination même des romanciers et des moralistes. Bourget n'eût jamais osé dans son *Etape* prédire telle ruine à l'*Union Tolstoï;* il se fût arrêté devant les dernières conclusions de sa logique. La vie n'a pas de ces timidités. Elle sait parfois être plus brutale que nos constructions intellectuelles. Il est instructif de lire ce qu'elle écrit dans l'histoire des hommes et des sociétés ; il est réconfortant de comprendre et d'expérimenter que nos idées sont plus véritables encore que nous ne le sentions et nos théories plus solidement fondées que nous n'en avions l'impression.

L'œuvre de Deherme, sans aucun support religieux, sans aucune ouverture vers les nécessaires et attirants horizons du Divin, n'était pas viable : elle n'a pas vécu.

D'abord, écrit Deherme, je le reconnais : notre tentative d'éducation populaire, prématurée sans doute, a radicalement échoué. Nous n'avons pas atteint l'âme du peuple, s'il en a une.

républicaines ayant pour but de préparer l'émancipation sociale du prolétariat par son

...Déjà on a pu constater que l'instruction laïque a fait faillite au point de vue de l'éducation. « La rectitude, la sagacité, et même la cohérence sont, en général, des qualités très indépendantes de toute instruction, et leur culture résulte, jusqu'ici, beaucoup plus de la vie pratique que de l'apprentissage théorique ». Mais voici que l'éducation laïque elle-même, que nous avions tentée, a failli socialement, car je reste persuadé qu'on ne fera pas mieux, dans cet ordre, que la *Coopération des Idées*. Cela mérite qu'on y réfléchisse. La vérité scientifique, les doctrines philosophiques sont impuissantes socialement. Elles ne relient point les hommes. Ceux qui savent plus raisonnent mieux, mais le plus souvent ils n'agissent point d'après des raisons.

... Voilà où nous en sommes après six années d'éducation sociale. Il nous faut reconnaître que le résultat est pitoyable. Nous avions seulement fait prendre le ton de la maison, une attitude. C'était pur snobisme. L'ouvrier de l'U P. qui écoute posément toutes les doctrines, qui discute avec courtoisie, — c'est le même, au fond, que celui de la rue, du cabaret ou de la réunion publique. A la première occasion, on le retrouve tel. Tout au plus peut-on croire qu'il est mieux armé pour servir ses instincts et faire taire ses scrupules.

Les ouvriers se satisfont des mots Quand ils crient « émancipation », ils s'imaginent émancipés vraiment Ayant formé un « comité de réorganisation », ils croient dur comme fer qu'ils réorganisent. Ils sont incapables d'apprécier les actes, ou ils ne leur attribuent que des mobiles bas, à leur étiage. D'autre part, ils sont d'une crédulité illimitée pour les phrases creuses et les gestes emphatiques des bateleurs et des aigrefins. Aucune critique, des impulsions de sentiments ou d'instincts. De là, une impuissance complète à se faire une opinion originale, et formation du groupe, —

émancipation intellectuelle ». Et Deherme
s'indigne que l'on ait ainsi rabaissé coupa-

non pour coopérer, pour chercher le vrai, mais pour être
plus forts et triompher Nous avons alors l'outrecuidance
intolérable du parti, qui ne doute plus de soi, qui ne discute
même plus, puisqu'il est le nombre. On ne dit plus : ceci est
vrai, et voici pourquoi; mais : nous avons décidé, à tant de
voix, que ceci est vrai.

Peu à peu la foule est pénétrée que le nombre lui confère
tous les droits et la dispense de savoir et de devoirs. Jadis,
ceux qui imposaient leurs revendications par les armes repré-
sentaient, somme toute, le courage, le discipline, la force, —
et c'étaient des vertus sociales fécondes. Le troupeau bêlant
des majorités ne représente que la stupidité et l'ignominie, —
et c'est cela qui va dominer le monde, si nous ne savons
pas réagir, si, au lieu de continuer à flatter le peuple, surtout les ouvriers, nous tremblons de lui dire ce qu'il est
vraiment, ce qu'il peut et ce qu'il doit.

Sans doute, le peuple n'est pas toujours la foule. Mais il
n'agit et ne pense qu'en foule. C'est dire qu'il n'agit que pour
la destruction et ne pense que pour l'erreur. L'U. P. se pro-
posait de faire des individus, pour l'action organique et la
pensée libre. Mais on n'efface point, en un lustre, l'influence
des siècles de servitude, d'ignorance et d'abrutissement.

Au reste, l'incapacité administrative des travailleurs est
flagrante. Nous venons encore d'en avoir un triste exemple,
au faubourg Saint-Antoine même, où la *Moissonneuse*, la
plus importante société coopérative de France, vient de
sombrer Ceux-là ils avaient tout : le capital, la clientèle, la
force coopérative. La *Moissonneuse* a fait jusqu'à 8 millions
d'affaires par an, elle a eu 15.000 sociétaires, et elle est
tombée dans l'anarchie des assemblées générales, les tripo-
tages des administrateurs, incapables et corrompus. Les
ouvriers déblatèrent volontiers contre les « politiciens »,
après avoir voté pour eux, mais si l'occasion s'en présente,

blement l'œuvre qu'il avait conçue à n'être
plus « qu'un groupement éphémère de lutte

encore qu'ils n'aient pas l'énergie combative et l'intelligence
de ceux-ci, ils montrent les mêmes appétits et ont recours
aux mêmes moyens pour les satisfaire.

Certes, individuellement, ce sont de braves gens, qui ont
le souci de leur dignité et s'efforcent de raisonner juste ;
mais, en masse, les responsabilités s'atténuent, on s'entraîne
les uns les autres, on déclanche le cran d'arrêt, car l'inhi-
bition est une fatigue et l'on se laisse aller, avec délices, à
redevenir la brute primitive. Toutes les férocités, toutes
les folies de la foule peuvent s'expliquer ainsi.

Que d'illusions mortes, que d'idoles brisées! L'âme
nue va-t-elle enfin se laisser pénétrer par la Lumière ?

Deherme comprendra-t-il quel est le seul lien qui
rapproche les âmes, découvrira-t-il ce qui peut unir
les hommes, ou bien, positiviste désabusé, logicien
inflexible, déchirera-t-il de ses propres mains les derniers
lambeaux de ses rêves d'autrefois? Depuis longtemps
nous le pressentions ; nous l'avons écrit, ici-même, il y
a quelques mois : pour un esprit dégagé de toutes les
superstitions, ennemi des équivoques, un impérieux
dilemme doit tôt ou tard se poser : ou le *positivisme
monarchique* de l'*Action Française* ou le christianisme social du *Sillon.*

Déjà Charles Maurras, en commentant les récents
événements du Faubourg Saint-Antoine, semble pres-
sentir l'évolution logique d'une intelligence claire
qui, partie d'un point tout opposé de l'horizon intellectuel, se rapproche des théories de l'*Action Française,*

et d'opposition ». Rien cependant ne saurait être plus logique. Il fallait bien utiliser les locaux ouverts, et, tout naturellement, ceux-ci devenaient, comme à l'*Union Mouffetard*, des salles de divertissements et de bals, ou, comme ailleurs, de petits clubs politiques de second ordre, parce que plus éloignés que les autres de la mêlée où l'on s'entre-tue.

Comment dire à ceux qui venaient à nous, gémit Deherme avec une mélancolie désabusée, que nous leur proposions surtout d'augmenter, de compliquer, d'alourdir leurs devoirs et de restreindre leurs droits ? Il est à prévoir qu'ils eussent mis moins d'empressement à adhérer. Il est même certain que les travailleurs, pour la

comme à marche forcée, et par de rapides et douloureuses étapes. Maurras a raison, Deherme et lui sont deux positivistes, Deherme et lui n'ont jamais ni compris, ni senti le Christ, i'. doivent aboutir au même but. Rien ne saurait arrêter Deherme dans le chemin des désillusions et des abdications morales tant qu'il n'aura pas découvert *ce qui fait vivre les hommes*, pour reprendre la simple et belle expression de Tolstoï.

Nous savons, au *Sillon*, ce qui fait vivre les hommes et que c'est l'Amour, et que l'Amour c'est Dieu.

plupart, nous eussent tourné le dos avec ensemble Depuis le suffrage universel et la presse à un
sou, on ne leur parle plus que de droits, la flat-
terie du nombre étant la clef d'or de toutes les
portes de la République.

Nous sommes revenus de cette erreur. Pour
nous, désormais, nous ne cesserons de le proclamer : « à l'orageuse discussion des droits,
nous substituons la paisible détermination des
devoirs. Les vains débats sur la possession du
pouvoir sont remplacés par l'examen des règles
relatives à son sage *exercice* (1) ». C'est là la condition primordiale, essentielle, d'une civilisation
supérieure, et même de toute civilisation réelle
et durable.

Cette méthode, nous le savons, ne sera jamais
« populaire ». Il n'importe : nous ne cherchons
pas la popularité, mais la socialité (2).

Sans doute, mais ce travail pourquoi
l'entreprendrait-on? Comment surtout en-
traînerait-on les autres à l'entreprendre, si

(1) A. Comte, *Système de politique*, t. I, p. 151.
(2) G. Deherme, *Coopération des Idées*, Sept.-Oct.,
p. 526, 527.

l'on se défend d'apporter, je ne dis pas des dogmes tout faits, immuables, mais au moins des tendances déterminées, une vie forte et une, et si l'on se contente de « confronter les aspects disparates de la pensée moderne » et de « mettre en contact les individus des différentes classes sociales » ?

La *Maison de vie* que rêve Deherme sera toujours une maison morte tant qu'elle « accueillera » indistinctement « toutes les doctrines », tant qu'elle « sera ouverte à tous les hommes qui veulent vivre », sans que l'on se croie jamais permis d'affirmer même une préférence, une partialité pour un genre de vie.

Le libéralisme est l'erreur la plus funeste de notre temps : il n'engendre qu'impuissance et que décomposition. On aura beau me répéter avec éloquence qu'il faut vivre : on ne m'aura rien appris tant qu'on ne m'aura pas dit comment il faut vivre.

Il apparaît bien que Deherme s'en doute

un peu puisque, sans craindre de se con-
tredire, — son esprit étant assez sincère
pour ne pas s'efforcer hypocritement de
cacher aux regards de telles incohérences,
— il écrit les lignes suivantes qui n'étonne-
raient certes pas si on les rencontrait dans
le *Sillon* :

Tout de même, avec peu on fait beaucoup
quand on y met du cœur. Ce sont toujours quelques individualités misérables qui ont tracé à
l'humanité ses grandes directions. Ceux qu'on
croit des puissants n'ont de puissance que sur un
point et à un moment donné, et ils ne désirent
et n'obtiennent que des résultats tangibles et
immédiats. Ceux qui, ayant une foi, travaillent
pour l'idée, si pauvres, si petits qu'ils soient, ils
font de l'éternel et du définitif — comme le
rustre qui met un grain en terre (1).

Et c'est bien aussi à une même conclusion
que nous a conduits l'expérience de nos
Instituts populaires. Ceux-ci ne pouvaient

(1) G. DEHERME, *Coopération des Idées*, Sept.-Oct.,
p. 533.

vivre et se développer à côté du *Sillon*, distincts de lui : il fallait qu'ils se confondissent avec le *Sillon* lui-même : cela seul pouvait les **empêcher** de dépérir.

Quand nous **songeons** à la liste bigarrée des académiciens **bien-pensants** qui signèrent l'affiche de notre premier Institut populaire, nous ne pouvons nous empêcher de sourire de cette évidente dérogation à nos plus authentiques méthodes. **M.** Bourget signant un manifeste du *Sillon* : n'y avait-il vraiment pas là de quoi induire en erreur une foule d'esprits même très impartiaux, et que de sympathies ou d'antipathies nous avons ainsi risqué de nous attirer que nous ne méritions nullement !

Nous avons toujours été cependant avertis des fautes que nous commettions ainsi contre nos propres méthodes par les leçons mêmes de l'expérience, et comme providentiellement ramenés dans le droit chemin. Toutes les fois que nous n'avons pas eu le courage de rester entièrement fidèles à notre propre esprit, toutes les fois que nous avons rougi de notre propre faiblesse et cherché à nous parer de richesses étrangères auxquelles nous n'avions point droit, ou sacrifié si peu que ce soit aux conventions reçues, nous en avons été aussitôt punis par l'infécondité même de notre effort qui nous a contraints à nous soumettre à nouveau aux exigences de notre propre développement.

Sans doute, nous avions raison d'affirmer qu'une double tâche s'impose à nous : la formation d'une élite démocratique, puis le rayonnement de cette élite : d'où les Cercles d'études et les Instituts populaires. Pas un mot n'est à changer dans le développement de ce programme. Mais, en vérité, notre méthode serait étrangement incohérente si, l'Institut populaire étant, suivant la définition admise depuis longtemps, le rayonnement du Cercle d'études, nous ne nous efforcions pas, avec un soin jaloux, de faire circuler, à travers l'Institut populaire, cette vie même du *Sillon* qui doit animer les Cercles d'études.

Nous avons aisément constaté du reste que tout Institut populaire qui ne s'appuyait pas sur un Cercle d'études intégralement animé de l'esprit du *Sillon* dépérissait rapidement ou, tout au moins, ne portait aucun fruit : les vicissitudes de l'existence de l'I. P. du V⁰ en ont été une preuve surabondante. Bien plus le souci même que nous avions autrefois de donner, au moins extérieurement, aux I. P. une personnalité distincte de celle du *Sillon* et qui nous amena à les unir par les liens d'une fédération nationale avec ses statuts propres, nous apparut bientôt comme tout à fait puéril : nous fûmes bien contraints de n'y voir qu'un gênant enfantillage, les I. P. n'ayant de force et d'efficacité que dans la mesure même où ils se confondaient dans l'homogénéité du *Sillon*.

Aussi bien la fédération, qui ne vécut pour ainsi dire jamais que sur le papier, devait-elle être dissoute à l'unanimité des voix au Congrès national de Paris, en février 1905, pour être remplacée par un simple service du *Sillon*.

Du reste, ce n'est pas dans les locaux spéciaux affectés aux Instituts populaires que nos amis accomplissent véritablement l'œuvre de rayonnement des I. P. C'est bien plutôt dans les cirques, dans les salles de réunions où ils multiplient sans cesse leurs meetings et leurs conférences publiques; c'est aussi, c'est surtout peut-être dans les ateliers, dans les bureaux, dans les cabarets de village, dans les chambrées des casernes, partout où ils rendent témoignage de leur foi et, comme l'indiquait le manifeste du premier Institut populaire, « révèlent à leurs auditeurs improvisés jusqu'où le travail intérieur de leur esprit a pu les conduire, ne leur dissimulent pas ce qu'ils savent, ne leur cachent pas ce qu'ils croient », c'est partout enfin où s'affirme la force de leur pensée, où celle-ci s'oppose aux pensées adverses, non pour les écraser mais bien plutôt pour les absorber, que s'accomplit utilement et sûrement le fécond travail de l'Institut populaire.

Comme toujours, ce n'est pas en décrétant que dans telle salle, à telle heure, on ferait œuvre de rayonnement, que l'on a pu contraindre l'énergie interne de la vie du *Sillon* à une expansion qui ne peut être que spontanée, mais c'est bien plutôt le développement même de l'activité intellectuelle et morale de nos camarades, l'intensité de leur propagande qui ont amené d'utiles conflits d'idées et, sans arbitraire préparation, imposé nos méthodes et nos doctrines à l'attention, à l'examen d'un grand nombre, à la sympathie de plusieurs.

« La lettre tue, l'esprit vivifie » : c'est ainsi que l'œuvre des Instituts populaires a presque partout brisé le cadre étroit et conventionnel dans lequel on avait voulu l'enfermer ; c'est ainsi qu'elle s'est moquée des réserves auxquelles nous avait condamnés une prudence trop timide et peu éclairée. Nous nous figurions autrefois que certains, qui ne voudraient pas pénétrer, pour y discuter, dans des groupes aussi militants et aussi compromis à leurs yeux que ceux du *Sillon*, franchiraient plus aisément le seuil moins brûlant d'un Institut populaire. Etrange illusion ! Nous avons, tout à l'inverse, constaté que ce qui intéressait, ce qui passionnait les indifférents et les hostiles, c'était justement l'exposé de ce qu'il y a dans le *Sillon* de plus original, de plus violent. Comment n'avions-nous donc pas compris dès l'abord qu'une conférence sur la Chine ou le Japon, les ballons dirigeables ou la télégraphie sans fil peut indifféremment être faite n'importe où, que l'on n'a pas besoin de nous pour cela, tandis qu'au contraire nous seuls pouvons rendre compte des points de vue qui nous sont propres, des aspirations particulières et des tendances originales qui nous caractérisent. C'est ainsi que s'explique l'affluence des auditeurs qui se pressaient aux cours de l'*Enseignement social populaire* organisé au *Sillon* au commencement de l'année 1905. Souvent on a coutume de dire : « Mettez-vous à la place de la clientèle que vous voulez atteindre. Donnez aux gens, non ce qui vous plaît à vous, mais ce qui leur plaît à eux ». Rien de plus inutile, de plus dangereux, que de telles concessions. L'intransigeance vaut mieux. Nous ne sommes capables d'intéresser sérieusement les autres qu'en leur communiquant ce qui nous intéresse nous-mêmes. Faisons donc un journal, une revue, une conférence, de telle sorte qu'ils nous satisfassent tout à fait nous-mêmes, et s'il y a vraiment en nous quelque chose d'universel et de largement humain, des aspirations profondes et

des germes d'avenir, du même coup des
sentiments spontanés et sincères naîtront
dans d'autres âmes à l'unisson des nôtres ;
et si, au contraire, notre voix reste sans
écho, c'est qu'il n'y a rien en nous qui
puisse se communiquer aux autres, mais
cette stérilité sincère de notre effort vaut
mieux encore qu'une hypocrite et superficielle fécondité.

Nous nous souvenons avec quelque attendrissement de tout le mal que nous nous don-
nions il y a quatre ou cinq ans, vers le moment où furent ouverts les premiers I. P.,
pour tâcher de communiquer à nos contemporains tout ce que nous sentions en nous
d'ardeur, de confiance, et la sécurité où
nous étions que la démocratie n'était possible qu'en dirigeant l'effort du pays dans
un sens que nous croyions savoir. Nous
ne sommes plus aujourd'hui embarrassés
comme alors, et tandis que les Instituts populaires nous sont, un moment, apparus le

seul terrain — et encore combien peu ouvert — où nous pouvions prendre contact
avec le monde extérieur, aujourd'hui, de
toutes parts, les discussions, les polémiques
de presse, les controverses retentissantes, .
les attaques répétées nous jettent en plein
dans la mêlée des opinions, au point que
c'est plutôt le pieux entraînement des veillées d'armes, les méditations solitaires,
les recueillements fraternels, les longs et
joyeux regards jetés sur un monde encore
inexploré, qui pourraient manquer à notre
ardeur toujours et partout dépensée.

Nous pouvons sentir que nos projets sont
bons et sûrs, mais nous ne savons jamais
comment Dieu les réalisera, ni quelle forme
il choisira pour y couler nos rêves devenus
réalités. Comme la vie, toujours, nous donne
au *Sillon* de fortes leçons de confiance et
d'humilité tout à la fois! Et comment pourrions-nous ne pas nous détacher chaque
jour davantage de la prudence charnelle qui

alourdit et attarde, certains que si nous gardons jalousement l'essentiel, tout le reste nous sera donné comme par surcroît.

La continuité de la vie du *Sillon* à travers les circonstances multiples au milieu des quelles elle s'est développée, sans qu'aucun obstacle ne puisse l'arrêter, qu'aucune difficulté ne parvienne à l'étouffer, nous semble, aujourd'hui plus que jamais, pleine d'enseignements et de réconfort. Le *Sillon* a maintenant une histoire. Il serait intéressant, sans doute, de la raconter, mais combien plus intéressant encore l'est-il de la vivre!

Remercions Dieu surtout qui a bien voulu guider notre faiblesse et, sans déchirer pour nous tous les voiles mystérieux de l'avenir, faire cependant éclater à nos yeux tant d'utiles certitudes que notre marche en avant en a toujours été éclairée. Continuons notre route sans coupable arrogance comme sans lâche faiblesse! Ayons l'esprit assez

humble et le cœur assez bon pour n'être
jamais découragés, mais toujours instruits
par les leçons de la vie. Soyons de dociles
et fidèles serviteurs de Celui qui a dit :
Paix aux hommes de bonne volonté.

TABLE DES MATIÈRES